www.ingramcontent.com/pod-product-compliance
Lightning Source LLC
Chambersburg PA
CBHW072152060526
44654CB00046B/1253

اردو ادب، تہذیبی قدریں ماضی حال اور مستقبل

گراج گورنمنٹ کالج نظام آباد کے
قومی اردو سمینار میں پڑھے گئے مقالات

مرتبہ

ڈاکٹر محمد اسلم فاروقی

© Taemeer Publications LLC

Urdu Adab Tahzeebi Qadrein : Maazi Haal aur Mustaqbil

by: Dr. Mohammed Aslam Faroqui

Edition: March '2024

Publisher :

Taemeer Publications LLC (Michigan, USA / Hyderabad, India)

ISBN 978-93-5872-352-6

9 789358 723526

© تعمیر پبلی کیشنز

کتاب	:	**اردو ادب تہذیبی قدریں: ماضی حال اور مستقبل**
مصنف	:	**ڈاکٹر محمد اسلم فاروقی**
صنف	:	غیر افسانوی نثر
ناشر	:	تعمیر پبلی کیشنز (حیدرآباد، انڈیا)
سالِ اشاعت	:	۲۰۲۴ء
صفحات	:	۱۷۲
کمپوزنگ	:	لولو گرافکس، فون:9397994441
سرورق	:	تعمیر ویب ڈیزائن
ملنے کے پتے	:	ڈاکٹر محمد اسلم فاروقی، فون:09247191548
		ہمالیہ بک ڈپو، نامپلی، حیدرآباد
		ھدیٰ بک ڈپو، پرانی حویلی، حیدرآباد

فہرست مشمولات

انتساب!

گراج گورنمنٹ کالج نظام آباد کے قومی سمینار میں شریک اساتذہ اور مقالہ نگاروں کے نام جنہوں نے اپنے مقالوں کی پیشکشی کے ذریعے اس قومی سمینار کو کامیاب بنایا۔

ڈاکٹر محمد اسلم فاروقی

کچھ اس کتاب کے بارے میں

گراج گورنمنٹ کالج نظام آباد جنوبی تلنگانہ میں واقع ایک مشہور کالج ہے۔ جہاں اردو میڈیم سے ڈگری تعلیم کی سہولت موجود ہے۔ کالج کے شعبہ اردو سے ڈاکٹر محمد ناظم علی کے بہ شمول کئی نامور اساتذہ وابستہ رہے۔ شعبہ اردو کی جانب سے دوسرا قومی سمینار بہ عنوان ''اردو ادب تہذیبی قدریں ماضی حال اور مستقبل'' قومی کونسل برائے فروغ اردو زبان نئی دہلی کے جزوی مالی تعاون سے 20 ستمبر 2014ء کو منعقد ہوا۔ یہ ایک یادگار سمینار تھا جس میں نامو محقق و ماہر اقبالیات ڈاکٹر سید تقی عابدی نے اسکائپ آن لائن کالنگ سہولت استعمال کرتے ہوئے کناڈا سے براہ راست شرکائے سمینار سے خطاب کیا۔ یہ اردو میں آن لائن ویڈیو لیکچر منعقد کرنے کی پہلی کوشش تھی جو کامیاب رہی۔ اس سمینار میں پروفیسر خالد سعید مولانا نیشنل اردو یونیورسٹی' ڈاکٹر معید جاوید عثمانیہ یونیورسٹی اور ڈاکٹر فاضل حسین پرویز مدیر ہفتہ وار گواہ حیدرآباد نے بہ طور مہمان شرکت کی۔ ملک بھر کی جامعات سے اساتذہ اور ریسرچ اسکالرز نے سمینار میں مقالے پیش کئے۔ نظام آباد سے جناب محمد عبدالعزیز صاحب' سید مجیب علی ڈائرکٹر نالج پارک انٹرنیشنل اسکول اور دیگر نے شرکت کی۔ سمینار کے شرکاء کو سند اور مومنٹو پیش کیا گیا۔ مجموعی طور پر سمینار میں تیس سے زائد مقالہ جات پیش کئے گئے۔ ان مقالوں کو اس کتاب میں پیش کیا جا رہا ہے۔ امید ہے کہ مقالوں کا یہ انتخاب قارئین کی پسند آئے گا اور موضوع سے متعلق مقالہ جات اردو کے اسکالرس کی رہبری و رہنمائی کا باعث ہوں گے۔

ڈاکٹر محمد اسلم فاروقی

پیغام ڈاکٹر معید جاوید

مجھے یہ جان کر مسرت ہوئی کہ شعبہ اردو گراج گورنمنٹ کالج نظام آباد کے زیر اہتمام ایک روزہ قومی سیمینار بہ عنوان ''اردو ادب تہذیبی قدریں ماضی حال اور مستقبل'' قومی کونسل برائے فروغ اردو زبان نئی دہلی کے اشتراک سے منعقد ہو رہا ہے۔ جامعہ عثمانیہ نے اردو زبان وادب کے فروغ کے لیے جو ٹھوس بنیادیں فراہم کی تھیں انہی بنیادوں پر آج بھی جامعہ عثمانیہ کے ساتھ ساتھ دیگر جامعات اور کالجوں میں بھی فروغ اردو کے پروگرام منعقد ہو رہے ہیں۔ سیمینار کے موضوع کا انتخاب بھی میری دانست میں وقت کی اہم ضرورت ہے۔ تہذیبی اقدار کی شکست و ریخت کے اس دور میں صالح قدروں کی بازیافت کی ایک ایک کوشش میری نظر میں مستحسن اقدار متصور ہوگی۔ تہذیبی قدروں کے حوالے سے اردو ادب نے اپنے بے مثال ادبی خزانوں کے ذریعے نہ صرف اپنے بلکہ دیگر زبانوں کے ادب کو بھی متاثر کیا ہے۔ میں ایسے بامقصد موضوع کے ساتھ سیمینار کے انعقاد کے لیے پروفیسر ایس لمبا گوڑ پرنسپل گراج کالج کنوینر سیمینار ڈاکٹر محمد اسلم فاروقی ودیگر منتظمین کو دلی مبارکباد پیش کرتا ہوں اور امید کرتا ہوں کہ اس سیمینار سے ملنے والا تہذیبی پیام تہذیبی قدروں کو پروان چڑھانے میں معاون ثابت ہوگا۔

ڈاکٹر معید جاوید

صدر شعبہ اردو عثمانیہ یونیورسٹی حیدرآباد

پیغام پروفیسر ایس اے شکور

یہ بات خوش آئند ہے کہ سرزمین نظام کے قدیم اور مشہور گراج گورنمنٹ کالج کے شعبہ اردو کے تحت ایک قومی سمینار ''اردو ادب تہذیبی قدریں ماضی حال اور مستقبل'' کے عنوان سے منعقد ہو رہا ہے۔ قومی کونسل برائے فروغ اردو زبان نئی دہلی کے زیر اہتمام منعقد ہونے والے اس سمینار کا موضوع وقت کی اہم ضرورت ہے جب ہمارے نوجوانوں میں بگڑتے اخلاق اور سماج میں بڑھتی بے راہ روی کے سدباب کے لیے اردو ادب سے روشنی حاصل کرنے کی کوشش کی جارہی ہے۔ اردو زبان نے ہمیشہ ہی اچھی قدروں کو پروان چڑھانے کی کوشش کی ہے۔ اردو شعر وادب کے تہذیبی سرمایہ کے از سر نو مطالعے اور اسے سماج میں عام کرنے کی پھر سے ضرورت ہے اردو اکیڈیمی بھی اپنی اسکیمات کے ذریعے اردو کے اچھے ادب کو قارئین تک پہونچانے کی کوشش کرتی ہے۔ میں اس سمینار کے کامیاب انعقاد کے لیے کنوینر ڈاکٹر محمد اسلم فاروقی صدر شعبہ اردو اور پرنسپل کالج پروفیسر ایس لمباگوڑ اور دیگر منتظمین کو مبارکباد پیش کرتا ہوں۔ امید ہے کہ سمینار سے اخذ ہونے والے نتائج سے تہذیبی قدروں کو پروان چڑھانے میں مدد ملے گی۔

پروفیسر ایس اے شکور
ڈائرکٹر سکریٹری۔ تلنگانہ ریاستی اردو اکیڈیمی

پیغام زاہد علی خان مدیر روزنامہ سیاست

مجھے یہ جان کر خوشی ہوئی کہ شعبہ اردو گری راج گورنمنٹ کالج نظام آباد میں ایک اردو سمینار بعنوان ''اردو ادب تہذیبی قدریں ماضی حال اور مستقبل'' منعقد ہو رہا ہے۔ سمینار کا موضوع علمی، ادبی اور سماجی دلچسپی کا حامل ہے۔ اردو صحافت نے بھی ہر زمانے میں اچھی قدروں کو پروان چڑھانے میں نمایاں کردار ادا کیا ہے۔ اور آج قدروں کی پامالی کے اس دور میں اردو ادب اور خاص طور سے اردو صحافت بہتر سماجی اقدار کے فروغ کے لیے کام کر رہی ہے۔ سماج سے اسراف بے جا رسومات جہیز کی لعنت سود اور شراب نوشی جیسی بری عادتوں کو لوگوں سے دور کرنے کے لیے اخبار سیاست اور ادارہ سیاست نے آگے بڑھ کر کام کیا ہے۔ اور اس کے اچھے اثرات رونما ہو رہے ہیں۔ یہ خوش آئند بات ہے کہ علاقہ تلنگانہ کے اہم شہر نظام آباد میں یہ قومی سمینار منعقد ہو رہا ہے۔ امید ہے کہ اس سمینار میں پیش ہونے والے مقالوں اور مباحث سے سماج میں اچھے اقدار کو پروان چڑھانے میں مدد ملے گی۔ میں شعبہ اردو گری راج کالج کے صدر ڈاکٹر محمد اسلم فاروقی اور کالج کے پرنسپل پروفیسر ایس لمبا گوڑ کو اس سمینار کے انعقاد کے لیے مبارک باد پیش کرتا ہوں۔ قومی کونسل برائے فروغ اردو زبان نئی دہلی کے مالی اشتراک سے یہ سمینار منعقد کیا جا رہا ہے۔ کونسل کی سرگرمیاں اردو کے فروغ میں معاون ثابت ہو رہی ہیں۔

زاہد علی خان

مدیر روزنامہ سیاست حیدر آباد

پیغام پروفیسر ایس لمبا گوڑ کالج پرنسپل

شعبہ اردو گری راج گورنمنٹ کالج نظام آباد کی جانب سے قومی و بین الاقوامی سمینار منعقد کیا جارہا ہے۔سمینار میں اردو زبان وادب سے تہذیبی قدروں کی روشنی حاصل کرنے کی کوشش کی جارہی ہے۔ یہ ایک اچھی کوشش ہے۔آج ہمارے نوجوان طلبا میں جس قدر اقدار کی ضرورت محسوس کی جارہی ہے وہ پہلے نہیں تھی۔ مادہ پرستی کے اس دور میں لوگوں میں زندگی سے متعلق مثبت سوچ اور اچھے اقدار پیدا کرنا وقت کی اہم ضرورت ہے۔حکومت نے بھی اقداری تعلیم کو نصاب کا حصہ بنایا ہے۔اردو زبان کی تاریخ دیکھیں تو پتہ چلتا ہے کہ یہ ایک میٹھی زبان ہے۔اس نے ہر زمانے میں لوگوں کا دل جیتا ہے۔اردو شاعری افسانہ ناول اور اردو صحافت نے ہر دور میں تہذیبی اقدار کو پروان چڑھایا۔ غالب کی غزلیں ہوں کہ اقبال کی سبق آموز شاعری ہر دور میں لوگوں کو اچھی لگتی ہیں۔ میں اس قومی سمینار کی منظوری کے لیے قومی کونسل برائے فروغ اردو زبان نئی دہلی کا شکریہ ادا کرتا ہوں کہ اس ادارے کے مالی تعاون سے اس سمینار کا انعقاد عمل میں آرہا ہے۔ میں اس سمینار میں شرکت کے لیے آئے اساتذہ کرام اور مقالہ نگاروں کا کالج کی جانب سے خیر مقدم کرتا ہوں اور اس امید کا اظہار کرتا ہوں کہ سمینار میں جو مباحث ہوں گے ان کے اچھے نتائج سامنے آئیں گے۔اور سماج میں اچھی قدروں کو پروان چڑھانے کا موقع ملے گا۔ میں سمینار کے کنوینر ڈاکٹر محمد اسلم فاروقی اور اس سمینار کی کامیابی کے لیے کام کرنے والی سبھی لیکچررز اور طلباء کو مبارکباد پیش کرتا ہوں۔

پروفیسر ایس لمبا گوڑ

پرنسپل گری راج گورنمنٹ کالج نظام آباد

اُردو ادب تہذیبی قدریں ماضی حال اور مستقبل

سمینار کا تعارف

علم روشنی ہے۔جس سے جہالت کے اندھیرے دور ہوتے ہیں۔ انسان کو علم کی بدولت ہی اللہ نے اشرف المخلوقات کا شرف دیا۔ تعلیمی ادارے روایتی اور فنی تعلیم کے مراکز ہوتے ہیں۔ جہاں طالب علموں کی شکل میں ناتراشیدہ ہیروں کو بیش قیمت ہیرے کی شکل دی جاتی ہے۔تا کہ یہ ہیرے زندگی کے عملی میدان میں قدم رکھتے ہوئے اپنا اور ملک وقوم کا نام روشن کریں۔علاقہ تلنگانہ کے شہر نظام آباد میں 1956ء میں گری راج مل صنعت کار وتاجر کے تعاون سے گری راج کالج کا قیام عمل میں آیا۔ جو 1960ء میں حکومت آندھرا پردیش کے زیر انتظام آ گیا۔اور اس کے بعد سے روز افزوں ترقی کی جانب گامزن رہا۔اور آج اکیسویں صدی کی دوسری دہائی میں یہ علاقہ تلنگانہ کا سرفہرست کالج ہے۔ جہاں یو جی کی سطح پر بی اے بی کام بی ایس سی اردو، تلگو اور انگریزی میڈیم میں اور پی جی کی سطح پر سائینس، کامرس اور دیگر مضامین کے کئی کورس پڑھائے جاتے ہیں۔کالج میں ہر سال پانچ ہزار سے زائد طلباء تعلیم حاصل کرتے ہیں۔ اور اعلیٰ نشانات سے کامیابی حاصل کرتے ہوئے اپنے بہتر مستقبل کی جانب رواں دواں ہوتے ہیں۔ کالج میں تعلیمی سال 15-2014 سے انتخاب پر مبنی تعلیم Choice Based Credit System شروع کیا گیا ہے۔کالج کی بہتر تدریسی خدمات کا جائزہ لینے کے بعد اعلیٰ تعلیمی اداروں کے معیار کی جانچ کے ادارے NAAC نے کالج کو پہلی مرتبہ +B اور بعد میں B مقام دیا۔امید ہے کہ آئندہ اس کالج کو A زمرہ عطا ہوگا۔اسی طرح ہندوستان کے اعلیٰ تعلیمی ڈھانچے کے نگران ادارے یو جی سی نے اس کالج کو " کالج برائے تدریسی

مہارت ‘‘College for potential for excellence کا رتبہ دیا ہے۔ جس کے تحت کالج میں مختلف تحقیقی و تدریسی پراجکٹس روبہ عمل لائے جارہے ہیں۔ اور عنقریب یہ کالج یونیورسٹی کا رتبہ حاصل کرنے جارہا ہے۔

گرراج گورنمنٹ کالج بعد میں گرراج کالج کے نام سے مشہور ہوتا گیا۔ کالج میں سابقہ وزیر اعلیٰ تعلیم جناب بشیر الدین بابو خان اور نظام آباد اردو ایکشن کمیٹی کے ذمہ داروں کی مساعی سے ڈگری کی سطح پر اردو میڈیم قائم ہوا۔ اور بی اے اور بی کام اردو میڈیم گروپس کا آغاز ہوا۔ اور آج بھی یہی دو گرپس اردو میڈیم میں کارکرد ہیں۔ انگریزی میڈیم میں سائینس اور کامرس کے گروپس میں اردو میڈیم انٹر کامیاب طلباء بھی داخلے لیتے ہیں۔ کالج کے اردو میڈیم سے وابستہ سابقہ لیکچررز میں جناب محمد نصیر الدین صدر شعبہ تاریخ‘ محمد عبدالقدوس‘ صدر شعبہ کامرس‘ ڈاکٹر محمد ناظم علی صدر شعبہ اردو‘ رئیس احمد‘ ایم اے قدیر‘ علی الدین قادری زور وغیرہ قابل ذکر ہیں۔ ان کے علاوہ کئی اساتذہ نے کنٹراکٹ اور گیسٹ لیکچرر کے طور پر اپنی خدمات انجام دیں۔ سال 2014-15 میں اردو میڈیم میں برسر کار لیکچررز میں جناب محمد عابد علی لیکچرر شعبہ کامرس‘ انچارج اردو میڈیم و اکیڈیمک کوآرڈینیٹر‘ ڈاکٹر محمد اسلم فاروقی صدر شعبہ اردو‘ سید حسیب الرحمٰن لیکچرر کامرس‘ محمد مبین لیکچرر تاریخ‘ ادیبہ بیگم لیکچرر پولیٹکل سائینس نازنین لیکچرر کامرس‘ تبسم بیگم لیکچرر معاشیات اور سنیل کمار لیکچرر انگریزی ہیں۔

گرراج کالج کا شعبہ اردو ایک فعال شعبہ ہے۔ جہاں طلباء کو اردو زبان کی زبان دوم کی تعلیم کے علاوہ شعری و نثری اصناف میں مہارت‘ ان کی تقریری و تحریری صلاحیتوں کو نکھارنے اور انہیں اردو زبان میں اظہار خیال کا ماہر بنانے کے لئے مختلف سطح پر علمی و تحقیقی کام انجام دئے جاتے ہیں۔ نصابی سرگرمیوں کو علاوہ طلباء کو ذائد از نصابی سرگرمیوں بیت بازی‘ کوئز‘ ڈرامہ اور دیگر مہارتوں کی تعلیم دی جاتی ہے۔ باذوق طلباء کو افسانہ نگاری‘ مضمون نگاری اور ابتدائی تحقیقی کاموں کی جانب رغبت دلائی جاتی ہے۔ جس کا نتیجہ یہ ہے کہ کالج کی سطح پر ہی طلباء قومی اخبارات ورسائل

میں اپنی تخلیقات شائع کرانے کے قابل بن رہے ہیں۔ کالج کے شعبہ اردو کے زیر اہتمام دو سال قبل افسانہ نگاری پر ایک کامیاب ورکشاپ کا اہتمام کیا گیا۔ فروری 2013ء میں ''اکیسویں صدی اردو ادب چیلنجز اور ان کا حل'' موضوع پر یو جی سی کے زیر اہتمام دو روزہ قومی اردو سمینار کا انعقاد عمل میں لایا گیا۔ اسی طرح مارچ 2014ء میں طلباء کے لئے صحافت کے موضوع پر ورکشاپ کا انعقاد عمل میں لایا گیا۔ کالج میں اردو زبان و ادب کے ماہرین کے خصوصی لیکچر منعقد کئے جاتے ہیں۔ اور طلباء کے لئے کیریر گائیڈنس، شخصیت سازی اور دیگر امور پر خصوصی لیکچر منعقد کئے جاتے ہیں۔ طلباء مختلف عنوانات پر تحقیقی مقالے لکھ رہے ہیں۔ جیسے شہر'' نظام آباد کے شعرا کا گلدستہ شاعری'' اردو شعرا کے کلام کا انتخاب، موضوع پر اشعار کا انتخاب، اردو محاوروں کا انتخاب وغیرہ۔

سال 14-2013 میں صدر شعبہ اردو کی جانب سے قومی کونسل برائے فروغ اردو زبان نئی دہلی کو ایک قومی اردو سمینار کی منظوری کے لئے درخواست دی گئی۔ سمینار کا موضوع'' اردو ادب تہذیبی قدریں ماضی حال اور مستقبل'' رکھا گیا۔ سماج میں پھیلی برائیوں، اقدار کی پامالی، انسانیت پر بڑھتے مظالم، لڑکیوں کی عصمت ریزی کے روز افزوں بڑھتے واقعات کے پیش نظر یہ محسوس کیا گیا کہ اردو زبان اور اس کا ادب انسانیت کی تعمیر کے لئے اہم اقدار رکھتا ہے۔ اردو ادب کی شاندار تہذیبی روایتوں کا احیاء کرتے ہوئے بہتر سماج اور معاشرے کی تشکیل ممکن ہے۔ اس موضوع پر سمینار کا انعقاد وقت کی ایک اہم ضرورت ثابت ہوگا۔ موضوع کی اہمیت کے پیش نظر سمینار کی منظوری عمل میں آئی۔ اس کے لئے کالج کے پرنسپل پروفیسر ایس لمبا گوڑ اور صدر شعبہ اردو ڈاکٹر محمد اسلم فاروقی سمینار کی منظوری کے ادارہ قومی کونسل برائے فروغ اردو زبان نئی دہلی اور اس کے ڈائرکٹر خواجہ اکرام صاحب کے بے حد ممنون ہیں۔

اردو ادب کا تہذیبی سرمایہ شاعری میں مثنوی، مرثیہ، غزل، قصیدہ اور رباعی کی شکل میں موجود ہے۔ اردو غزل، مثنوی اور مرثیے کے ذریعے شعرا نے ہندوستان کی گنگا جمنی تہذیب کو پیش کیا۔ اردو غزل کی اپنی تہذیبی روایت ہے۔ امیر خسرو اور قلی قطب شاہ نے اردو غزل کو جو

تہذیبی روایت دی۔ اسے ولیؔ، میرؔ و غالبؔ، آتشؔ و ناسخؔ نے پروان چڑھایا۔ ناصر کاظمی نے غزل کے بانکپن میں اضافہ کیا۔ اور آج اردو غزل اپنی تمام تر گنگا جمنی روایات کے ساتھ بلا لحاظ مذہب وملت عوام کی مقبول صنف ہے۔ قلی قطب شاہ نے اپنی شاعری میں محبوب کا واضح تصور پیش کیا۔ عشق کے حقیقی جذبات اجاگر کئے۔ اور اپنی شاعری میں ہندوستانی عناصر کو جگہ دی۔ دکن کی تہذیب کا یہ علمبردار شاعر اردو شاعری کے ابتدائی دور میں ہی ہندوستانی تہذیب کا معمار اول رہا۔ دکن میں اردو مثنوی کو فروغ ملا۔ اور عادل شاہی دور اور قطب شاہی دور میں جو مثنویاں لکھی گئیں وہ ہندوستانی تہذیب کی علمبردار کہلائیں۔ مثنوی قطب مشتری ہو کہ نصرتی کی علی نامہ یا وجہی کی داستان سب رس تمام میں اپنے عہد کی اعلیٰ تہذیبی قدروں کو پیش کیا گیا۔ ولیؔ کے سفر شمالی ہند کے بعد شمال میں اردو غزل گوئی کو رواج ملا۔ اور حاتم اور مصحفی کے بعد میرؔ و غالبؔ جیسے بلند پایہ شاعر منظر عام پر آئے۔ میرؔ نے ہندوستان کے لٹنے کے مرثیے پڑھے۔ تو غالبؔ نے اپنے کلام کی ندرت کے ذریعے فکر و فلسفہ کو عام کیا۔ اور دہلی کی تہذیبی روایات کو پیش کیا۔ نظیرؔ ہندوستانی تہذیب کے سب سے بڑے علمبردار تھے۔ آدمی نامہ اور بنجارہ نامہ جیسی نظمیں لکھ کر انہوں نے اپنے عہد کے ہندوستان کی تہذیب کو سمیٹ لیا۔ اردو مرثیے نے انسانی ہمدردی کی اعلیٰ مثالیں پیش کیں۔ حق کی سربلندی کے لئے اپنی جان آفرین پیش کرنا، بھائی بھائی کی محبت، بھائی بہن کی محبت، باپ بیٹے کی محبت یہ وہ اعلیٰ انسانیت کی مثالیں ہیں۔ جن کی ضرورت رہتی دنیا تک انسانی تہذیب کو درکار رہیں۔ میر انیس اور مرزا دبیر نے اپنے مراثی میں جو تہذیبی قدریں پیش کی ہیں ان سے سبق حاصل کرنا وقت کا اہم تقاضہ ہے۔ اقبال اردو نظم کے نامور شاعر ہیں۔ اقبال نے انسانیت کی سربلندی کا جو پیغام اپنے خودی کے فلسفے کے ذریعے دیا ہے اس کی ہر زمانے میں تہذیبی اہمیت رہی ہے۔ حب وطن اردو شاعری کا اہم موضوع رہا ہے۔ اور کسی بھی انسانی تہذیب کے لئے ضروری ہے کہ وہ وطن کی محبت کے جذبے سے سرشار ہو۔ اور اقبال، چکبست، حالی وغیرہ کی وطن سے محبت کی شاعری ہر زمانے میں لوگوں کے لئے مشعل راہ

ہے۔

اکبر الہ آبادی نے اپنی طنزیہ شاعری کے ذریعے ہندوستانی تہذیب کی اعلیٰ قدروں کے تحفظ کی جو کوشش کی ہے اس کی آج بھی عصری معنویت قائم ہے۔ اردو شاعری میں رباعی نے بھی تہذیبی اور اخلاقی قدروں کو پروان چڑھانے میں اہم رول ادا کیا ہے۔ انیس، حالی، امجد، رواں اور اکبر کی رباعیاں اپنے اندر بیش قیمت پیغام رکھتی ہیں۔ اردو شاعری کے اس عظیم تہذیبی سرمایے کا ذکر اس مجوزہ سمینار میں اس حوالے سے ضروری ہے کہ ہمارے قیمتی ادبی و تہذیبی سرمایے سے واقفیت کے بعد ہی ہم اس سے کچھ سبق حاصل کر سکتے ہیں۔ اردو داستانوں کی اپنی تہذیبی روایت رہی ہے۔ ان داستانوں میں شر پر خیر کی فتح اور انسانی ہمدردی کی اعلیٰ مثالیں ملتی ہیں۔ قصہ چہار درویش ہندوستانی تہذیب کا مرقع ہے۔ اردو ناول نے بھی ہندوستانی تہذیب کو فروغ دینے اور اعلیٰ تہذیبی قدریں پیش کرنے میں اہم رول ادا کیا۔ نذیر احمد نے اپنے ناولوں کے ذریعے تعلیم کے فروغ اور لڑکیوں کی نیک اور صالح ماحول میں تربیت پر زور دیا۔ فسانہء آزاد اور امراؤ جان ادا ناول لکھنو کے زوال پذیر معاشرے کی عکاسی کرتے ہیں لیکن ان ناولوں سے اہم تہذیبی سبق ملتے ہیں۔ پریم چند نے اپنے ناولوں میں سرمایہ داروں اور غریبوں کی کشمکش کو پیش کیا۔ ان کے ناول ہندوستانی تہذیب کے عظیم مرقعے ہیں۔ عصمت چغتائی نے عورتوں کے جو سماجی مسائل پیش کیئے ان کا عصری مطالعہ وقت کی اہم ضرورت ہے۔ ترقی پسند تحریک کے ذریعے جو ادب پیش ہوا اور انسانی تہذیب کی شکست و ریخت کا جو عمل اس دور میں ہوا اس کا تہذیبی مطالعہ بھی مستقبل کے لئے ضروری ہے۔ قرۃ العین حیدر نے تاریخ کو جو شعور دیا اور انتظار حسین نے جس طرح اساطیر کو پیش کیا ان کا تہذیبی مطالعہ بھی اہمیت کا حامل ہے۔ اردو ادب اپنی تمام تر تہذیبی روایات کے ساتھ اکیسویں صدی میں داخل ہوا۔ جہاں انفارمیشن ٹیکنالوجی سے اردو کا سابقہ ہے۔ ترقی کے نام پر انسانی تہذیب کے نام سے جو کھلواڑ کیا جا رہا ہے۔ اس کے روک تھام کے لئے اردو ادب کیا کر سکتا ہے۔ اس کے امکانات تلاش کرنا بھی

اس سمینار کا اہم موضوع ہوسکتا ہے۔

اس موقع پر میں سوونیر کی اشاعت کے لئے اپنے مبارک بادی کے پیغامات دینے والے معززین، ڈاکٹر معید جاوید صدر شعبہ اردو عثمانیہ یونیورسٹی، پروفیسر ایس اے شکور سکریٹری ڈائرکٹر اردو اکیڈیمی اے پی اور جناب زاہد علی خان ایڈیٹر سیاست اور پروفیسر ایس لمبا گوڑ صاحب پرنسپل گراج کالج کا صمیم قلب سے شکریہ ادا کرتا ہوں۔ ساتھ ہی اس سوونیر کی اشاعت میں تعاون کرنے والے نظام آباد کے ماہر تعلیم جناب سید مجیب علی صاحب ڈائرکٹر کریسنٹ گروپ آف اسکولس و کالجس و ناج پارک انٹر نیشنل اسکول کا بھی شکریہ ادا کرتا ہوں۔ اور امید کرتا ہوں کہ اہلیان نظام آباد اور محبان اردو آئیندہ بھی اس قسم کا تعاون کرتے رہیں گے۔ امید ہے کہ یہ سمینار اپنے مقاصد کی تکمیل کرے گا۔ اور اردو زبان و ادب سے متعلق نئے گوشے پیش کرے گا۔

ڈاکٹر محمد اسلم فاروقی
صدر شعبہ اردو گراج گورنمنٹ کالج نظام آباد
کنو یز اردو سمینار

سمینار رپورتاژ

شہر نظام آباد علاقہ تلنگانہ کے اضلاع میں تاریخ، ادب اور ثقافت کے اعتبار سے اپنی منفرد حیثیت رکھتا ہے۔ آصف جاہی عہد میں یہ ایک اہم ضلع کی حیثیت رکھتا تھا۔ دور قدیم میں یہ شہر موریا حکمرانوں کے زیر نگیں رہا اور بعد کے ادوار میں مغل، قطب شاہی اور آصف جاہی خاندانوں کی یہاں حکمرانی رہی۔ ضلع نظام آباد کی اپنی ایک تاریخ، تہذیب وتمدن ہے۔ یہاں کے سیاحتی مقامات میں علی ساگر، نظام ساگر، سری رام ساگر اور نظام شکر فیکٹری قابل ذکر ہیں۔ تعلیمی اداروں میں گراج کالج شہر کا قدیم کالج ہے اور اب تلنگانہ یونیورسٹی بھی یہاں کام کر رہی ہے۔ اس تاریخی وثقافتی شہر میں اردو ادب کی بھی اپنی ایک منفرد تاریخ ہے۔

20 ستمبر 2014ء کا دن نظام آباد کی تہذیبی وثقافتی اور ادبی تاریخ میں ایک اہم دن تصور کیا جائے گا کیونکہ اس دن ضلع کے قدیم وریاست تلنگانہ میں معروف گراج گورنمنٹ ڈگری کالج میں اردو ادب کے حوالے سے ایک بہترین اردو سمینار منعقد ہوا۔ یہاں کے شعبہ اردو کی جانب سے ڈاکٹر محمد اسلم فاروقی کی کنوینر شپ میں قومی سمینار بعنوان "اردو ادب تہذیبی قدریں ماضی حال اور مستقبل" قومی کونسل برائے فروغ اردو زبان دہلی کے تعاون سے منعقد کیا گیا۔ اس سمینار کو ہم بین الاقوامی سمینار کا درجہ بھی دے سکتے ہیں کیونکہ بین الاقوامی سطح کی شخصیات نے اس سمینار سے خطاب کیا اور اپنے مقالے پیش کیے۔ خصوصاً ماہر انیس واقبالیات جناب ڈاکٹر سید تقی عابدی صاحب نے کینڈا سے آن لائن لیکچر دیا۔ اس سمینار میں شکاگو سے ڈاکٹر عطا اللہ خان' سعودی عرب سے جناب مکرم نیاز صاحب' پاکستان سے راشد اشرف نے اپنے مقالات

روانہ کیئے۔

سمینار سے ایک دن قبل اچھی بارش ہوئی جس سے ماحول خوشگوار ہوگیا حیدرآباد سے مہمان پروفیسر خالد سعید صاحب اردو یونیورسٹی اور جناب فاضل حسین پرویز صاحب مدیر گواہ رات دیر گئے نظام آباد پہونچ گئے تھے جن میں راقم بھی شامل تھا مہمانوں کو نظام آباد کی ایک مشہور لاج میں ٹھہرایا گیا تھا۔ سمینار کی صبح جناب رحمٰن داؤدی صاحب نے مہمانوں کی ناشتہ پر ضیافت کی۔ ناشتہ سے فارغ ہوکر مہمان جناب رفیق صاحب یو جی سی کوآرڈینیٹر کے ہمراہ گراج گورنمنٹ ڈگری کالج پہونچے۔ ڈاکٹر محمد اسلم فاروقی' جناب عابد علی اور پرنسپل جناب ڈاکٹر۔ ایس لمبا گوڑ نے پرنسپل چیمبر میں سمینار کے مہمانوں کا استقبال کیا۔ ڈاکٹر محمد اسلم فاروقی کی نگرانی میں کاروان گولڈن جوبلی ہال کی طرف روانہ ہوا۔ سمینار ہال شرکاء سے مکمل طور پر بھر چکا تھا اندازے کے مطابق اس ہال میں 400 کے قریب شرکاء موجود تھے۔ یونیورسٹیوں کے ریسرچ اسکالرس اور کالج کے طلبا اور طالبات پہونچ چکے تھے۔ سمینار ہال میں ڈاکٹر سید تقی عابدی کی تصویر اسکرین پر دکھائی دے رہی تھی وہ کناڈا سے بذریعے اسکائپ لیکچر کیلئے بالکل تیار تھے۔ ڈاکٹر محمد اسلم فاروقی نے مائیک سنبھالا اور ڈاکٹر ناظم علی کو جناب ڈاکٹر تقی عابدی صاحب کے تعارف پیش کرنے کی دعوت دی۔ انہوں نے مختصر تعارف پیش کیا۔ تعارف کے بعد لیکچر کا آغاز ہوا جو کہ سمینار کے موضوع "اردو ادب تہذیبی قدریں ماضی، حال اور مستقبل" پر محیط رہا۔ جناب ڈاکٹر تقی عابدی نے اردو کو گنگا جمنی تہذیب کی علمبردار میٹھی زبان قرار دیا۔ محمد قلی قطب شاہ کی شاعری میں تہذیبی قدروں کو اجاگر کرتے ہوئے کہا کہ محبت ہی اردو تہذیب کی بنیاد ہے۔ انسان کو دنیا میں دل جوڑنے کیلئے بھیجا گیا ہے نا کہ دل توڑنے کیلئے۔ قلی قطب شاہ نے محبت کا درس اپنی شاعری کے زریعہ دیا ہے شاعری ایسی ہو جو کہ اخلاق ومحبت کو پیدا کرے اور اتحاد ومحبت کا درس دئے۔ محمد قلی قطب شاہ نے عورت کی جمالیات، کمالیات اور حسن وخوبصورتی کو اپنے اشعار کے ذریعے اجاگر کیا ہے۔ عمدہ اخلاقیات اور اخلاقی شاعری سب سے عمدہ اردو

ادب میں ملتی ہے۔ انہوں نے کہا کہ اردو زبان کے ساتھ اس کی تہذیب وابستہ ہے۔ عورتوں پر عصر حاضر میں جو مظالم ہو رہے ہیں اس کی روک تھام کے لئے ادب کی اچھی قدروں سے کام لینا چاہئے۔ انہوں نے اردو کے روشن مستقبل کی نوید سناتے ہوئے کہا کہ اردو میڈیم سے تعلیم اور اردو کو روزگار سے جوڑنے سے اردو کا مستقبل روشن ہوسکتا ہے۔ لیکچر کے بعد سوالات و جوابات کا سلسلہ شروع ہو۔ اس آن لائن لیکچر کے کامیاب انعقاد کے لئے ڈاکٹر تقی عابدی نے کنوینر سمینار ڈاکٹر محمد اسلم فاروقی اور پرنسپل پروفیسر ایس لمبا گوڑ کا شکریہ ادا کیا۔ لیکچر کے بعد سمینار کا باضابطہ آغاز عمل میں آیا۔ عبدالسلام قمر نے ترانہ سنایا۔ ویڈیو کے ذریعے اقبال کی نظم بچے کی دعا پیش کی گئی جس میں تہذیبی مظاہرہ شامل تھا۔ پروگرام کی نظامت جناب عابد علی لیکچرر کامرس و اکیڈیمک کوآرڈینیٹر نے انجام دی۔ ڈاکٹر ناظم علی نے مہمانوں کا باری باری تعارف پیش کیا۔ ڈاکٹر اسلم فاروقی نے خطبہ استقبالیہ کیلئے مائیک سنبھالا اور سمینار کی غرض و غائیت پیش کی۔ اور کہا کہ اردو کا مستقبل تاریک نہیں روشن ہے ضرورت ہے کہ اردو کو ٹکنالوجی سے جوڑا جائے اور جدید تقاضوں سے ہم آہنگ کیا جائے۔ انہوں نے اردو اساتذہ اور ریسرچ اسکالرس پر زور دیا کہ وہ فروغ اردو کے لئے متحد ہوکر کام کریں۔ انہوں نے سمینار کی منظوری کے لئے قومی کونسل برائے فروغ اردو زبان نئی دہلی اور ڈائرکٹر کونسل جناب خواجہ اکرام صاحب کا شکریہ ادا کیا۔ ناظم سمینار نے اسلم فاروقی کی شخصیت سے متعلق یہ شعر پڑھا۔

لوگ چن لے جن کی تحریریں حوالوں کیلئے　زندگی کی وہ معتبر کتاب بن جائیں

کالج طلباء کی نمائیندگی کرتے ہوئے جویریہ بیگم بی کام سال دوم اردو میڈیم نے "اکبرالہ آبادی کی نظم تعلیم نسواں کا تہذیبی مطالعہ" کے عنوان سے مقالہ پیش کیا۔ پروفیسر ایس۔ لمبا گوڑ پرنسپل کالج نے اس موقع پر صدارتی خطاب میں کہا کہ اردو زبان میٹھی زبان ہے سماج میں تبدیلی کیلئے شعراء ایک انقلاب لاسکتے ہیں۔ انہوں نے ٹیکنالوجی سے مزین اس سمینار کے کامیاب انعقاد کے لئے ڈاکٹر اسلم فاروقی کو مبارکباد دی اور کہا کہ وہ اپنی ذات میں ایک انجمن ہیں اور تنہا اس

طرح کے پروگرام منعقد کرتے رہتے ہیں۔ وہ ہر سال کامیابی کے ساتھ سمینار کا انعقاد عمل میں لا رہے ہیں وہ اردو کے لیکچرر ہیں لیکن ٹکنالوجی کو استعمال کرنے کا ہنر جانتے ہے۔ اس رنگ برنگے سمینار میں مقالہ نگاروں کے مقالوں پر مبنی خوبصورت رنگین ساونیئر کی رسم اجراء مہمانوں نے انجام دی۔ ساتھ ہی ڈاکٹر اسلم فاروقی کی تیسری تصنیف " سائنس نامہ " کا بھی اجراء عمل میں آیا۔ یہاں اس بات کا تذکرہ ضروری ہیکہ ڈاکٹر فاضل حسین پرویز نے ہفتہ وار گواہ کے شمارے میں سمینار کی تفصیلات شائع کی تھی سمینار کے شرکاء میں گواہ کے خصوصی سمینار نمبر کی کاپیاں تقسیم کی گئیں۔ ماہر تعلیم این آر آئی جناب عبدالعزیز نے اپنے خطاب میں کہا کہ ملک میں آئے دن ہونے والے شرمسار واقعات اور صنف نازک پر ہونے والے حملے ہماری اقدار کی گراوٹ کا نتیجہ ہیں۔ ملک میں لاکھوں تعلیمی ادارے ہیں لیکن انسانی کردار سازی نہیں ہو رہی ہے۔ انہوں نے کہا کہ انسان کو ماضی کی قدروں کو حال میں برتتے ہوئے مستقبل کی جانب بڑھنا چاہئے۔ انہوں نے کہا کہ علامہ اقبال نے انسانیت کی سربلندی کا پیغام اپنے خودی کے فلسفے کے ذریعہ دیا ہے۔ ان کی شاعری کا مرکز حب الوطنی رہا ہے سائنس وٹکنالوجی کے اس دور میں تہذیب وتمدن کو طلبہ میں اجاگر کرنے کی ضرورت ہے یہ سمینار بھی تہذیب کے فروغ کا ایک حصہ ہے۔ ناظمِ سمینار نے کلیدی خطبہ کیلئے جناب پروفیسر خالد سعید صاحب ڈائرکٹر انچارج مرکز برائے اردو زبان و ثقافت مولانا آزاد نیشنل اردو یونیورسٹی حیدرآباد کو دعوت دی۔ پروفیسر صاحب نے تہذیب کیا ہے مفروضہ کے ساتھ اپنے خطاب کا آغاز کیا۔ انہوں نے کہا کہ تہذیب کے لفظ کیلئے اردو میں تمدن، ثقافت جیسے الفاظ مروج ہیں کلچر civilization تہذیب کا ایک حصہ ہے کسی بھی انسان کے عقائد وافکار، پیرہن وپوشاک 'زبان 'غذائی عادتیں اور رہن سہن کا انداز ایک کلچر کو جنم دیتا ہے۔ کلچر میں نفاست اور شائستگی سے تہذیب پیدا ہوتی ہے۔ اردو ادب کا تہذیبی سرمایہ شاعری کی مختلف اصناف کی شکل میں موجود ہے اردو شاعری کے ذریعے ہندوستانی تہذیب کی اعلی قدروں کے تحفظ کی ضرورت ہے۔ عصر حاضر میں اخلاقی وتہذیبی قدروں کا فقدان ہو رہا ہے ضرورت ہے

کہ ادب کے ذریعے پھر سے تہذیب کا درس دیا جائے۔ مہمان مقرر جناب سید مجیب علی ڈائرکٹر کریسنٹ گروپ آف انسٹی ٹیوشنس نے تہذب کے حوالے سے کہا کہ موجودہ تعلیمی نظام طلبہ کے اخلاق وکردار اور تہذیبی قدروں سے دور ہو رہا ہے ضرورت ہے کہ تعلیم کے ذریعے طلبہ میں اخلاق کو پروان چڑھائیں۔ انہوں نے بچوں کے لئے کہی گئی اقبال کی نظموں کو اہم تہذیبی سرمایہ قرار دیا اور کہا کہ تعلیمی نصاب میں انہیں شامل کرتے ہوئے بچوں کے اقدار کی تعمیر کی جائے ڈاکٹر سید فاضل حسین پرویز نے صحافتی اقدار کے موضوع پر خطاب کرتے ہوئے موجودہ دور میں صحافتی اقدار کی پامالی پر اظہار افسوس کیا اور نوجوان نسل کو پیشہ صحافت اختیار کرنے اور صحافتی اقدار کے تحفظ پر زور دیا۔ انہوں نے کہا کہ نصف صدی قبل صحافت پرنٹ میڈیا کا نام تھا لیکن دور جدید میں صحافت میں بھی تبدیلیاں پیدا ہوئیں اور الکٹرانک میڈیا کا وجود عمل میں آیا۔ عصر حاضر میں صحافت کے ذریعہ غلط خبروں سے سماج میں انتشار پیدا ہو رہا ہے اور نفرت کی فضا عام ہو رہی ہے۔ صحافت کو چاہئے کہ وہ سماج میں تہذیبی قدروں کو پروان چڑھانے کیلئے کوشش کریں۔ ایک اور مہمان ڈاکٹر سید فضل اللہ مکرم چیر پرسن بورڈ آف اسٹڈیس اورینٹل اردو عثمانیہ یونیورسٹی حیدرآباد نے مرکزی موضوع پر خطاب کیا اور کہا کہ تعلیم کے ساتھ تہذیب بھی جڑی ہوتی ہے۔ آج ٹیکنالوجی کے دور میں ہم پڑھے لکھے تو ہیں لیکن تعلیم یافتہ اور مہذب نہیں ہیں۔ پہلی داستاں گو ہماری اپنی ماں ہے تہذیب کی امانتیں ماں سے ہی بچے میں منتقل ہوتی ہے۔ انہوں نے خواتین سے کہا کہ اللہ نے ماں کے قدموں کے نیچے جنت رکھی ہے۔ اس لئے وہ اقدار کے فروغ میں کام کریں۔ انہوں نے کہا کہ جدید ٹکنالوجی سے رشتہ ضرور جوڑنا چاہئے اور انسان بلندیوں پر اڑے لیکن ہمارے پاوں زمین پر ہی رہنے چاہئے۔ ٹکنالوجی کو تہذیب کے فروغ کیلئے استعمال کریں۔ ڈاکٹر معید جاوید صدر شعبہ اردو عثمانیہ یونیورسٹی حیدرآباد نے تہذیب کی اہمیت کو اجاگر کیا اور چند حمدیہ اشعار کو منفرد ترنم میں پیش کیا۔

اعلی تیرا مقام' عرفہ تیرا کلام میری زبان پر تیرا نام صبح و شام
کلیوں میں اہتمام تبسم کا تو کرے پھولوں میں خوشبوں کا کرے تو ہی انتظام

انہوں نے زور دے کر کہا کہ تہذیب اور اقدار کو فروغ دینا صرف اردو والوں کا کام نہیں ہے بلکہ اسے دیگر زبانوں والے بھی آگے بڑھائیں انہوں نے کہا کہ تعلیمی اداروں کے ساتھ ساتھ والدین کی بھی ذمہ داری ہے کہ وہ بچوں میں اقدار کو فروغ دیں۔

جناب طارق انصاری گوتمی ڈگری کالج نے اپنے خطاب میں نئی نسل کو اردو ذریعہ تعلیم سے آراستہ کرنے اور اردو کو فروغ دینے پر زور دیا۔ اور کہا کہ تلنگانہ میں اردو کو اس کے جائز مقام کے لئے ہمیں کوشش کرنی چاہیئے۔ جناب محمد نصیر الدین سابق صدر شعبہ تاریخ نے مرکزی موضوع پر اظہار خیال فرمایا۔ تعلیم گاہ دراصل تربیت گاہ ہے لہذا تعلیم کے زریعے تہذیب اقدار طلباء و طالبات میں پیدا کئے جائیں۔ جناب جمیل نظام آبادی مدیر گونج نے کہا کہ اردو ادب میں تمام مسائل کا حل موجود ہے ہر قسم کا مواد اردو ادب میں دستیاب ہے ضرورت ہے اردو کو فروغ دیا جائے تا کہ تہذیب کا تحفظ ہو۔ ڈاکٹر عسکر صفدری پرنسپل گورنمنٹ ڈگری کالج آرمور نے سمینار کے مرکزی موضوع پر روشنی ڈالی کہا کہ ادب ہی سے انسان انسان ہے۔ ادب جو نہ سیکھے وہ حیوان ہے۔ انہوں نے ڈاکٹر اسلم فاروقی کو اخلاقی اقدار کا مجسمہ قرار دیا اور جدید ٹکنالوجی کا بحر بیکراں اور متحرک شخصیت قرار دیا۔ سمینار میں مہمان مقررین نے مقالہ نگاروں کے لئے تہذیب اور اقدار سے متعلق سوالات مقرر کئے تا کہ ان ہی خطوط پر سمینار آگے بڑھے اور کچھ نئے زاویے سامنے آئیں۔ پہلے اجلاس کے اختتام سے قبل پرنسپل کالج پروفیسر ایس لمبا گوڑ اور کنوینر سمینار ڈاکٹر محمد اسلم فاروقی کے ہاتھوں تمام مہمانوں کی شال پوشی کی گئی اور انہیں یادگاری مومنٹو پیش کئے گئے' ضلع نظام آباد کے معززین کے طور پر جناب حلیم خان صاحب ڈپٹی کلکٹر موظف' جناب مجید صاحب نیشنل بک ڈپو' جناب ریاض تنہا صاحب صدر دائرہ ادب اسلامی اے پی' جناب مقیت فاروقی

صاحب نامہ نگار اعتماد اور دیگر کو تہنیت پیش کی گئی۔ اس کے بعد ظہرانے کا اہتمام کیا گیا۔

طعام کے وقفہ کے بعد ٹکنیکل سیشن کا آغاز عبدالسلام قمر کی نظم سے عمل میں آیا۔ پہلا مقالہ ڈاکٹر مسرور سلطانہ لیکچرار ایس آر گورنمنٹ ڈگری کالج کریم نگر نے "اکبر الہ آبادی کی شاعری میں تہذیبی عناصر" پیش کیا۔ ڈاکٹر گل رعنا اسسٹنٹ پروفیسر تلنگانہ یونیورسٹی نے "مجتبیٰ حسین کی تحریریں اور حیدر آبادی تہذیب" کے موضوع پر اپنا مقالہ پیش کیا۔ ڈاکٹر عسکر صفدری پرنسپل آرمو گورنمنٹ ڈگری کالج آرمور نے "انیس کی شاعری اور اخلاقی قدریں" کے عنوان سے مقالہ پیش کیا۔ دیگر مقالہ نگاروں میں، ڈاکٹر حمیرا تسنیم شاتا واہانہ یونیورسٹی کریم نگر۔ ناہیدہ بیگم لیکچرار سنگاریڈی، عارفہ شبنم ریسرچ اسکالر H C U، آمنہ آفرین ریسرچ اسکالر HCU, رئیسہ بیگم ریسرچ اسکالر HCU، جے۔ محمد شفیع ریسرچ اسکالر HCU، بلال محمد ریسرچ اسکالر H C U، سراج احمد انصاری ریسرچ اسکالر H C U، محمد ہلال ریسرچ اسکالر H C U، ابوبکر ابراہیم ریسرچ اسکالر M A N U U، محمد عبدالقدوس ریسرچ اسکالر MANUU، محمد زبیر ریسرچ اسکالر MANUU، شمیم سلطانہ لیکچرار نظام آباد، تبسم سلطانہ لیکچرار، سید احتشام حسین ریسرچ اسکالر عثمانیہ، ڈاکٹر محمد عبدالقدیر عادل آباد، کلیم محی الدین اردو لیکچرر عادل آباد' محمد فہیم اللہ ریسرچ اسکالر عثمانیہ، ڈاکٹر سید حامد مہتاب، مریم فاطمہ ریسرچ اسکالر تلنگانہ یونیورسٹی، ڈاکٹر محمد عبدالعزیز سہیل لیکچرار ایم وی ایس گورنمنٹ ڈگری کالج محبوب نگر، ڈاکٹر محمد ناظم علی پرنسپل موڑتاڑ گورنمنٹ ڈگری کالج، محمد عبدالرحمٰن داودی ریسرچ اسکالر تلنگانہ یونیورسٹی، محمد عبدالبصیر ریسرچ اسکالر اورینٹل عثمانیہ' اور دیگر نے سمینار کے ضمنی عنوانات پر مقالے پیش کیئے۔ جملہ 35 اسکالرس نے مقالے پیش کیئے۔ بیرون ملک سے بھیجے گئے مقالوں میں ڈاکٹر عطا اللہ خان شکا گو کا مقالہ قلی قطب شاہ کی شاعری اور تہذیبی عناصر اور جناب مکرم نیاز صاحب سعودی عرب کا مقالہ آن لائن اردو صحافت بھی شامل سمینار رہا۔ اس اجلاس کی صدارت پروفیسر خالد سعید و ڈاکٹر فضل اللہ مکرم نے انجام دی۔ دونوں صدور نے مقالوں کا اجمالی جائزہ

پیش کیا۔ پروفیسر خالد سعید نے سمینار کے کامیاب انعقاد پر کنوینز ڈاکٹر اسلم فاروقی اور دیگر منتظمین کا شکریہ ادا کیا اور کہا کہ اردو سمیناروں میں ٹیکنالوجی کے استعمال کے ذریعے آن لائن لیکچر منعقد کرنے کے ضمن میں یہ سمینار یادگار رہے گا۔ ڈاکٹر فضل اللہ مکرم نے مقالہ نگاروں کو مشورہ دیا کہ وہ مقالے کی جست پیش کریں اور اپنے اہم پہلوؤں کو اجاگر کرنا سیکھیں۔ آخر میں کنوینز سمینار ڈاکٹر محمد اسلم فاروقی نے سمینار کے مہمانوں ڈاکٹر سید تقی عابدی' پروفیسر خالد سعید' ڈاکٹر فضل اللہ مکرم' ڈاکٹر معید جاوید' ڈاکٹر فاضل حسین پرویز مقامی مہمانوں' منتظمین اور کالج کے پرنسپل اور قومی کونسل کا شکریہ ادا کیا اور اردو صحافت کا بھی خاص طور سے شکریہ ادا کیا۔ سمینار کی تشہیر اخبارات میں خبروں کی اشاعت اور یوٹیوب پر تمام تقاریر کی پیشکشی اور فیس بک پر خبروں اور تصاویر کی پیشکشی کے ذریعے کی گئی۔ اس طرح ضلع نظام آباد سے اردو تہذیب اور اقدار کے موضوع پر سمینار سے اٹھنے والی آواز دنیا کے گوشے گوشے میں پہونچادی گئی۔ جس سے امید ہے کہ فروغ اردو اور سماج میں بہتر قدروں کو پروان چڑھانے میں مدد ملے گی۔

ڈاکٹر محمد عبدالعزیز سہیل

دکنی زبان کا آغاز، محمد قلی قطب شاہ کی شاعری اور ملی جلی ہندوستانی تہذیب

ہندوستان کی تہذیب و تمدن کی تاریخ کافی قدیم ہے۔ آریاؤں کی آمد سے قبل دراوڑی قوم شمالی ہندوستان میں پانچ ہزار سال قبل مسیح حکمراں تھی۔ آرین وسط ایشیاء سے آکر شمالی ہندوستان کے علاقوں میں آباد ہوئے۔ یہاں کے قدیم باشندوں یعنی دراوڑیوں کو مار کر پیچھے ڈھکیل دیا۔ اس زمانے میں کاغذ کی ایجاد نہیں ہوئی تھی۔ قدیم دراوڑی زبان کے نقوش تاڑی کے پتوں پر ملتے ہیں۔ یا جانور کی کھالوں پر۔ آہستہ آہستہ لوگوں میں شعور پیدا ہوا۔ آریاؤں کی زبان سنسکرت تھی۔ جنوبی ہند میں دراوڑین اپنی زبان بولتے تھے۔ اور آریاؤں کی زبان سے نفرت کرتے تھے ان کی زبان تلگو، ٹمل، کنڑی ملیالم اور دیگر بولیاں تھیں۔ ہندوستان میں مسلمان حکمرانوں کے عہد میں محمد تغلق نے اپنا دارالحکومت دہلی سے دولت آباد 1232ء میں منتقل کیا۔ اس کے ہمراہ امراء، علما، مشائخین، حکمراں طبقہ، شرفا اور دہلی کا کثیر طبقہ دولت آباد منتقل ہوا۔ تاریخ فرشتہ کے مصنفہ لکھتی ہیں کہ چودہ سو پالکیاں محمد تغلق کے ساتھ دولت آباد منتقل ہو گئے۔ دکن کی سیاست اور یہاں کی علاقہ واریت سے تنگ آکر محمد تغلق نے اپنا پایہ تخت دولت آباد سے واپس دہلی منتقل کر لیا لیکن جو صاحب علم و فن اور امراء آئے تھے وہ واپس دہلی نہیں گئے۔ وہ ان کی اپنی زبان عربی، فارسی، ترکی، پنجابی، پشتو اور دیگر زبانوں میں گفتگو کرتے تھے۔ انہیں بازار میں خریداری کے لئے مقامی زبان میں گفتگو کرنی پڑتی تھی۔ اسی طرح مقامی زبانوں کے میل ملاپ سے ایک نئی زبان وجود میں آئی۔ جسے ہم دکنی اردو کہتے ہیں۔ دکنی کی ترقی یافتہ زبان اردو کہلائی۔

دکنی کا یہ علاقہ وندیا چال کے جنوب سے شروع ہوکر جنوبی ہند کی پانچ ریاستوں میں کہی جانے والی زبان دکنی ہے۔اسی علاقہ میں مرہٹواڑ کا جنوبی اور مشرقی علاقہ بھی شامل ہوجاتا ہے۔ جہاں کی قدیم زبان عربی ہے۔ یہ آرین زبان کے خاندان سے تعلق رکھتی ہے۔لیکن بڑی عجیب بات ہےان علاقوں کی مقامی زبانیں مختلف لسانی خاندانوں سے تعلق رکھتی ہیں۔اسی کے باجوداس نئ دکنی زبان سے خطہ دکن کے بیشتر حصوں پر اپنا اثر نفوذ پیدا کرلیا اور نہ صرف ایسے علاقوں میں مقبول ہوئی بلکہ تحریری شکل بھی اختیار کرنے لگی۔مرہٹی زبان کا اثر دکنی زبان پر بہت زیادہ ہونے لگا۔اسی طرح دکنی زبان میں مرہٹی زبان کے بہت سے الفاظ شامل ہونے لگے۔

دکنی زبان بولی سے بدل کرعوام الناس میں اس قدر مقبولیت حال کی کہ اس میں تحریری صلاحیت پیدا ہوئی۔اور کتابی شکل میں دکنی ادب کا اولین نقش ہمیں مثنوی کدم راؤ پدم راؤ کی صورت میں ملتا ہے۔اس کا سنہ تصنیف بقول ڈاکٹر جمیل جالبی 832 یا 836 ہجری ہے۔اس مثنوی میں داخلی شہادت یا تاریخ درج نہیں ہے۔ہر چند کے یہ مثنوی بہمنی خاندان کے نویں حکمران سلطان احمد شاہ بہمنی کے عہد 1421ء تا 1424ء مطابق 823 ہجری تا 836 ہجری کا اہم کارنامہ تصور کیا جاتا ہے۔ایک مصرعے میں صاحب تصنیف نے احمد شاہ کی مدح کی ہے۔ اسی مناسبت سے اس کا سن تصنیف مندرجہ بالا قرار دیا چونکہ اسی مثنوی کا ابتدائی اور آخری صفحہ دستیاب نہیں ہوااسی وجہ سے اس کے نام بھی تحقیق طلب ہے۔اسی مثنوی کے دواہم کردار کدم راؤ اور پدم راؤ ہیں۔اسی مناسبت سے اس کا نام کدم راؤ پدم راؤ رکھا گیا۔اس کے مصنف فخر دین نظامی بیدری تھے۔ دکنی ادب کی دوسری اہم تصنیف اشرف بیابانی کی نوسر ہار سنہ 909 ہجری میں تحریر کی گئی۔اس مثنوی میں واقعات کربلا کا مکمل ذکر ملتا ہے۔ڈاکٹر زینت ساجدہ اس کی تنقیدی تدوین پر 1970ء میں شعبہ اردو جامعہ عثمانیہ سے پی ایچ ڈی کی سند حاصل کی۔ان کے انتقال کے بعد پروفیسر سیدہ جعفر نے نوسر ہار مثنوی کی تدوین کی۔اور شائع کرایا۔ اس سے قبل پاکستان سے بھی یہ شائع ہوئی۔

دکنی کا تیسرا شعری دیوان کلیات محمد قلی قطب شاہ ہے۔ بابائے اردو مولوی عبدالحق نے رسالہ اردو اورنگ آباد میں ایک وقیع مضمون کلیات محمد قلی قطب شاہ 1922ء میں کا ذکر کیا ہے۔ اور لکھا کہ محمد قلی قطب شاہ نے تلگو میں بھی اشعار لکھے۔ جن کا ذکر اپنے مقدمے میں کیا ہے۔ کلیات قلی قطب شاہ کی اشاعت کے بعد ولی کو اردو شاعری کا باوا آدم کہنے والوں کو محمد قلی قطب شاہ کو اردو شاعری کا باوا آدم قبول کرنا پڑا۔ ہر چند کے یہ بات غور وفکر کی دعوت دیتی ہے کہ زور صاحب نے مولوی عبدالحق کی آراء سے اتفاق کرتے ہوئے محمد قلی قطب شاہ کے دیوان میں پچاسی ہزار اشعار کا ذکر پروفیسر سیدہ جعفر نے قومی کونسل دہلی کی وساطت سے 1984ء میں 270 صفحات کے مقدمے میں وہی دہرایا ہے کہ محمد قلی تلگو میں بھی اشعار لکھتا ہے اور اس کے اشعار کی تعداد پچاس ہزار ہے۔

راقم نے اشعار کی تعداد کی کھوج می کتب خانہ سالار جنگ اور او ایم ایل کتب خانہ حکومت تلنگانہ کے تمام قلمی دواوین کی تحقیق کی ان کتب خانوں میں محمد قلی قطب شاہ کے دیوان میں 2213 اشعار ملے ہیں۔ کتب خانہ سالار جنگ میں باتصویر قلمی مخطوطہ دوسرا عبداللہ قطب شاہ کے ساتھ کلیات محمد قلی قطب شاہ موجود ہے۔ ہمارے نوجوان اہل ادب کی اطلاع کے لئے راقم نے ان تمام پیش رو محققین کی تحقیق ضروری ہے تاکہ جدید تحقیق کے بعد ہوسکتا ہے کہ محمد قلی قطب شاہ کے کسی اور کلیات کا پتہ چلے اور راقم کی تحقیق رد ہوسکتا ہے۔ ڈاکٹر زور کے مرتبہ کلیات کے بعد شاہان وقت میر عثمان علی خان نے اسی قلمی نسخہ کو طلب کیا اور اپنے مطالعے میں رکھا۔ اس کی اطلاع درست نہیں ہے۔ اور کوئی ٹھوس ثبوت بھی نہیں ملتا۔ ڈاکٹر زور اور پروفیسر سیدہ جعفر کے مرتبہ دواوین میں کلیات قلی کے اشعار ان تمام مندرجہ بالا کتب خانوں کے مخطوطات میں کوئی بھی عنوان درج نہیں ہے۔ فاضل محققین نے اشعار کا مطالعہ کیا اور اپنی مرضی سے عنوانات قائم کئے۔ پروفیسر سیدہ جعفر نے زور صاحب کے عنوانات کی نقل کی ہے۔ بلکہ بعض اشعار میں زور صاحب کے کلیات سے زیادہ اغلاط سرزد ہوگئی ہیں۔ اصل قلمی نسخہ میں وہ اشعار کچھ اور ہی ہیں۔

راقم چونکہ اب امریکہ میں مقیم ہے اوران اشعار میں پائی جانے والی غلطیوں کی نشاندہی کتب خانوں میں کی گئی ہے۔اس سمینار کے انعقاد کے موقع پر یہی کہا جاسکتا ہے کہ اردو زبان ملی جلی ہندوستانی تہذیب کی علامت ہے۔اور محمد قلی قطب شاہ کی شاعری میں پائی جانی والی مذہبی رواداری اوراس کے بعد نظیراور دیگر شعرا کے کلام میں پائی جانے والی قومی یکجہتی کے عناصر کو دیکھتے ہوئے کہا جاسکتا ہے کہ ہندوستان میں مشترکہ اور مضبوط تہذیب کو پروان چڑھانے میں اردوزبان نے اہم رول ادا کیا ہے۔اسے موجودہ زمانے میں یادرکھنے اوراس مضبوط تہذیب کی بنیاد پرآگے بڑھنے کی ضرورت ہے۔

ڈاکٹرمحمدعطاءاللہ خان شکاگو
(پرنسپل اورینٹل اردوکالج حیدرآباد موظف)

داستان سب رس، اعلیٰ انسانی قدروں کا پہلا منشور

اُردو نثری ادب کی پہلی اہم کتاب ملاّ وجہی کی داستان ''سب رس'' ہے، جو ۱۰۴۵ھ / 1635ء میں لکھی گئی۔ اس پر سب سے پہلے مولوی عبدالحق نے 1924ء میں تفصیلی روشنی ڈالی اور 1932ء میں اسے شائع کر دیا۔

سب رس کے ماخذ پر جب سوال اٹھتا ہے تو ہمارے سامنے ایک نام آتا ہے محمد یحیٰ ابن سیبک فتاحی نیشاپوری کا۔ ان کی تین تصانیف سامنے آتی ہیں۔ مثنوی دستور عشاق، قصہ حسن ودل اور شبستانِ خیال۔ یہاں ایک اور سوال پیدا ہوتا ہے کہ ان میں کونسی کتاب وجہی کے سامنے تھی جس کو سامنے رکھ کر وجہی نے سب رس لکھی۔

سب رس چاہے جس کا ماخذ ہو لیکن اُردو ادب کے سبھی ناقدین اور محققین نے قدیم ادب کا شاہکار اس داستان کو مانا ہے۔ داستانوی ادب کی ابتداء اسی سے ہوتی ہے۔ بادشاہ عبداللہ قطب شاہ کی فرمائش پر لکھا گیا یہ قصہ ہے۔ یہ ایک روحانی اور رومانی تمثیلی قصہ ہے۔ تمثیل نگاری کی پہلی شاہکار تصنیف ہونے کا شرف ''سب رس'' کو ہی حاصل ہے۔ منظر اعظمی کہتے ہیں کہ ''سب رس میں رس کی مدہوش کن کیفیات کما حقہ پائی جاتی ہیں...... یہ کتاب کچھ دیر کے لئے انسان کو دنیا و مافیہا سے بے خبر کر دیتی ہے اور انسان محسوسات کے دائرے میں داخل ہو جاتا ہے جن کو وجہی نے مجسم کردار بنایا ہے۔'' (سب رس تنقیدی جائزہ، ص۔19)

وجہی نے خود اس کتاب کے موجد ہونے کا دعویٰ کیا ہے۔ اس کو ''سب رس'' کے علاوہ گنج العرش'' اور بحر المعانی'' بھی کہا ہے۔ وحی و الہام بھی تصور کیا ہے اور ہندو مسلمان دونوں فرقوں کے لیے دین و دنیا کی نجات کا واحد راستہ بھی تصور کیا ہے۔ منظر اعظمی نے لکھا ہے:

''اس کا خیال ہے کہ ''جیتے جو ساراں جیتے فہم داراں۔ جیتے گنہگاراں ہوئے سن آج لگن کوئی اس جہان میں ہندوستان میں ہندی زبان سوں اس لطافت اس چھنداں سوں نظم ہور نثر ملا کر گلا کر یوں نہیں بولیا۔ اس بات کوں۔ اس بنات کوں یوں کوئی آبِ حیات میں نئیں گھولیا۔ یو غیب کا علم نہیں کھولیا۔''

(سب رس کا تنقیدی جائزہ، ص۔ 20)

''سب رس'' وجہی کے پاکیزہ خیالات کے بیان کے علاوہ اس کے تجربے اور حقیقت پر مبنی اعلیٰ اخلاق و معیار کے حاصل کتاب ہے۔

وجہی کی عظمت قصہ میں یہ ہے کہ جہاں اس نے مختلف موضوعات پر اپنے فکر مند خیالات کا اظہار کیا ہے اپنے ساتھیوں پر طنز کیا ہے۔ یا وہم کی برائیاں ہوں یا شراب کے فوائد اور نقصانات بیان کیے ہوں۔ اس کے علاوہ حکمرانوں کے فرائض، عشق پر لائے زنی کی ہو یا سوکن سے گھر کی تباہی کا ذکر کیا ہو یہ تمام باتیں قصے سے الگ لیکن ان میں انسان کی اعلیٰ قدروں کا بیان وجہی کی دین ہے۔ ان انشائیوں میں جو قصے سے الگ بیان کی گئی ہے اس زمانے کی معاشرتی زندگی کی جھلکیاں نظر آتی ہیں۔ اگر یہ سب اس میں نہ ہوتو ہم اس وقت کے معاشرے اور تہذیب کو جان نہیں سکتے تھے۔

سب رس میں اعلیٰ انسانی قدروں کا بیان جگہ جگہ نظر آتا ہے۔ قاضی انیس الحق لکھتے ہیں کہ ''شہر دیدار پر دل کی سرکشی پر یہ کہا جاتا ہے کہ وہ اخلاقی معیار کی نفی کرتی ہے جو عاشقی کا لازمہ سمجھا جاتا ہے۔ یہ سچ ہے کہ دل کا شہر دیدار کی طرف لشکرکشی کر عام داستانی انداز کے طرز پر نہ ہے۔ وجہی نے یہاں ایک فرمانبردار بیٹے کی مثال پیش کی ہے، جو موجودہ معاشرے میں نہیں ہونے کی وجہ سے پورے سماج میں انتشار پھیل گیا ہے۔ اس انتشار کو روکنے کے لیے کونسے

اقدامات نہیں کیے جا رہے ہیں۔(سب رس جدید اُردو میں، ص۔30)

سب رس کے کرداروں میں حسن ایک اہم کردار ہے۔اس میں بہت سی خوبیاں ہیں جس میں یگانہ روزگار ہے بڑے باپ کی بیٹی۔آبِ حیات پر قبصہ ہے۔دل پر عاشق ہوتی ہے تو خود اسے بلوائی ہے۔دل زخمی ہوتا ہے تو تڑپ اٹھتی ہے لیکن مصلحت وقت دیکھ کر چپ ہو جاتی ہے۔ غیر جب دھوکا دیتی ہے تو انگاروں پر لوٹ جاتی ہے پھر اسے سزا دیتی ہے۔ پھر جب حقیقت حال معلوم ہوتی ہے تو نادم ہو کر محبوب سے معافی بھی مانگ لیتی ہے۔غرض وہ حکمت و عمل کا پیکر اور رزم و بزم دونوں کی روح رواں ہے۔

وجہی نے اپنے انشائیوں کے ذریعہ اس وقت کے رہن سہن، معاشرہ، عادات واطوار کی ایسی ترجمانی کی ہے کہ ہمارے سامنے ایک نقشہ آجاتا ہے۔ حالانکہ وجہی کا مقصد تو یہ نہ تھا کہ وہ معاشرہ کی اخلاقی تصویر دنیا کے سامنے لائے۔ سب رس کی دنیا صرف فرضی نہیں ہے اس میں حقیقت بھی بیان کی ہے۔

ملا وجہی نے نہ صرف ایک صوفیانہ تمثیل پیش کی ہے بلکہ اس میں اس دور کے معاشرتی نظام اور اخلاقی نظام کو بھی اس میں جگہ دے کر سب رس کو عمدہ قصے کی شکل دی ہے۔

اگر انسان عقل کا صحیح استعمال کریں تو وہ ولی بن سکتا ہے اور غلط کرے تو فرعون ونمرود کی طرح خدا ہونے کا دعویٰ کرسکتا ہے ہے۔ عشق اور عقل روز ازل سے جاری ہے۔ تاریخ بھی گواہ ہے کہ دنیا میں مغرور اور ظالم انسان کی اصلاح کسی نے کی تو وہ اس کی اولاد ہے۔ دل نے سب رس میں اپنے اولاد ہونے کا فرض بخوبی نبھایا ہے۔

یہاں دل نے ایک فرمانبردار کا کردار کیا ہے۔ محبت اور باپ کا حکم اپنی اپنی جگہ اسے قصے کے اخلاقی پہلو سے تعبیر کر سکتے ہیں۔

وجہی نے سب رس میں اپنے خیالات کا اور ساتھ ہی اخلاقی پہلوؤں پر بحث کی ہے۔ اس میں وجہی کی فکر نظر آتی ہے اور یہ فکر ''سب رس'' کی جان ہے۔ اس فکر میں تجربہ بھی ہے وجہی کا

مشاہدہ بھی ہے۔ بلکہ اس دور کے عام معاشرتی تہذیبی و اخلاقی رجحانات کا آئینہ بھی ہے۔حمیرا جلیلی کہتی ہیں کہ ''وجہی نے سب رس میں بادشاہ کا رتبہ بادشاہ کے فرائض، عشق، عقل، مالک و نوکر اور ان کے فرائض، ہمت خودداری پر نہایت اچھی بحث کی ہے۔(سب رس کی تنقیدی تدوین، مرتبہ حمیرا جلیلی، ص۔75)

وجہی نے لکھا ہے ماں باپ پر

''ماں باپ مجازی خدا، انو کے حکم سے کیوں ہونا جدا انو دنیا میں لیائے، انو دنیا دکھلائے، انو پرورش کئے، بڑھائے۔انو سوں بے ادبی کیوں کریا جائے انو خوش تو ہر دو جہاں میں فتح بازی۔

(سب رس کی تنقیدی تدوین، حمیرا جلیلی، ص۔76)

سب رس سے شاہی محفلوں کے بارے میں بھی کئی معلومات ملتی ہیں جس سے ان کے رہن سہن کا اندازہ بھی معلوم ہوتا ہے۔ اس وقت شراب ان کی زندگی کا اہم حصہ تھا۔ محفلوں میں شراب ضروری سمجھی جاتی۔ شاعر حاضر جواب، قصہ گو، ان محفلوں کی رونق کو بڑھاتے۔ بادشاہ جن کی عزت کرتے انہیں پان سے نوازتے تھے۔

وجہی نے شراب پر بہت کچھ لکھا ہے، کچھ حصہ دیکھیے :

''عالم خارج شراب ہزار گناہ کرتا، جوں جیو کو بھاتا وہاں کوئی منا کرنے نئیں آتا۔ وہاں چپ رہیا جاتا۔ کیا تمام تاکید شراب پر بچھ آیا ہے۔ باقی گناہ سب آپچ کرتا، دُسریاں کوں ڈرانا ہور اپے نا ڈرنا۔ خدا نے بخشیا کیا کر......... اپے پینا دسریاں کو منا کرنا یاں انصاف ہے خدا کوں نا بسرنا۔ اپنے گناہ اپس کوں اچھنا نام دسریاں کے گناہ سوں کیسے کیا

کام.......۔

(دکنی نثر کا انتخاب، ڈاکٹر سیدہ جعفر، ص۔66)

وجہی جب اچھے اور برے انسان پر لکھنے بیٹھتا ہے تو دیکھئے:

''بھلے لوگاں اسی نے دنیا چھوڑے ہیں بھلے آدمی کاش کے دنیا میں نہ آتے تو برے لوگاں اپنی جفا نہ پاتے۔ برے لوگاں

برے لوگاں شہر میں کونچے کونچے بھرے ہیں۔ برے لوگاں بھلیاں کوں برے کرے ہیں۔ برے لوگاں بہوت بھلے لوکاں تھوڑے، بھلے لوگاں سوں بھلا ہوتیو یاری جوڑے جینا جئے بھی آخر مرنا ہے اپنے خاطر کیا کرنا ہے۔ (دکنی نثر کا انتخاب، ڈاکٹر سیدہ جعفر، ص۔77)

وجہی نے اپنے اس کوزے میں دریا کو بند کیا ہے۔ داستان میں ادبی، مذہبی، غیر ادبی، تہذیبی، معاشرتی، سماجی ہر طرح کے موضوعات کو جگہ دی ہے۔ اس میں عشق و عاشقی بھی ہے۔ کرامات و معجزات بھی ہے۔ وجہی نے مزدوزن کے رشتے کے ساتھ ساتھ شراب وشاہد بھی بیان کیا ہے اور مختلف موضوعات پر بات کرتے وقت اپنی علمیت کا اظہار کرنے لگتا ہے۔ غرض کہ وجہی نے اپنی فکر کا دائرہ اتنا وسیع کر رکھا تھا کہ ہم آج بھی اس کو سمجھنے میں لگے ہوئے ہیں۔

داستان ''سب رس'' میں اعلیٰ انسانی قدروں کی بھرمار ہے۔ ہم جتنے بھی اقدار کی بات کریں ہمیں نئی نئی چیزیں اس میں مل ہی جاتی ہیں۔

ڈاکٹر جے محمد شفیع

یونیورسٹی آف حیدرآباد

کلام میر انیسؔ میں اخلاقی اقدار

انسانیت آدمی کی معراج ہوتی ہے' انسان میں بنیادی طور پر اخلاق، سچائی اور عدل وانصاف کی کارفرمائی نمایاں نظر آتی ہے اور یہی اوصاف نیکی کی جڑ ہوتے ہیں۔ محسن انسانیت حضور اکرمؐ نے مکارم اخلاق کا درس دیا۔ اس بات سے ہم سب بخوبی واقف ہیں کہ رسول اکرمؐ، اہل بیت اطہار، صحابہ کرام، اولیائے کرام اور علمائے عظام وغیرہ اخلاق کریمانہ کے حامل تھے' خوش اخلاقی میں یکتا تھے۔ اخلاق کردار کو بلندی پر پہنچاتا ہے' حق وصداقت کی دعوت دیتا ہے' ناانصافی سے باز رکھتا ہے، نیک عمل پر متوجہ کرتا ہے، تکبر سے پرہیز کراتا ہے، انسان کا ضمیر اسے انسانیت کی راہ دکھاتا ہے، آدمی جب نفس کا تابع ہوتا ہے تو آدمی ہی رہتا ہے اور جب آدمی ضمیر کی آواز پر لبیک کہتا ہے تو انسان کہلاتا ہے اس طرح انسانیت کی معراج پر فائز ہوتا ہے۔

میر انیسؔ اُردو زبان کے وہ باکمال معجز بیان شاعر ہیں جن کا کلام دُنیا کی کسی بھی زبان میں اپنی نظیر نہیں رکھتا۔ انہوں نے مرثیہ کے ذریعہ اُردو زبان میں وسعت پیدا کی اور اس صنف سخن کو درجۂ کمال پر پہنچا دیا۔ اس کے علاوہ اپنے کلام کو اخلاقی تعلیم کا ذریعہ بنایا۔ ان کے کلام کی تینوں اصناف میں زیادہ تر حصہ اخلاقی تعلیمات سے پُر ہے۔ انہوں نے زندگی کے تمام پہلوؤں کا بنظر غائر مطالعہ کیا تھا۔ زندگی کی کشاکش سے سبق حاصل کیا اور اپنی زندگی کا محور اخلاق حسنہ کو بنایا۔ انیسؔ کے کلام کی تینوں شعری اصناف مرثیہ' سلام اور باعی میں زیادہ تر حصہ اخلاقی تعلیمات پر ہے۔ ان کے کلام کے بہت سارے روشن پہلو ہیں مثلاً اخلاق وآداب' صبر وضبط، تحمل

واستقلال، عزم وثبات اور آزادیٔ فکر وضمیر وغیرہ۔ان ہی حقائق کو انہوں نے اپنے مرثیوں، سلاموں اور رباعیات میں دلکش اور موثر انداز سے نظم کیا۔یعنی دُنیا چندروزہ ہے، موت یقینی ہے، انسان بجز اعمال کے اپنے ساتھ کچھ نہیں لے جاتا، دولت انسان میں غرور وتکبر پیدا کردیتی ہے اور دولت کی وجہ سے بیشتر انسان کے اندر جذبۂ ہمدردی وترحم کا فقدان ہو جاتا ہے۔

میر انیسؔ نے اپنے کلام میں روحانی، انسانی اور اخلاقی قدروں کو مضبوط و مستحکم کرنے کی کوشش کی ہے۔اخلاقی شاعری کے اعتبار سے انیسؔ کا کلام بہت بلند ہے۔وہ صرف زبان وحسن بیان کے نہیں بلکہ اخلاقی بصیرت واقدار کے بھی شاعر تھے۔مولانا حالیؔ نے مقدمہ شعروشاعری میں انیسؔ ودبیرؔ کے مراثی کے بارے میں اس طرح لکھا:

''اس خاص طرز کے مرثیے کو اگر اخلاق کے لحاظ سے دیکھا جائے تو بھی ہمارے نزدیک اُردو شاعری میں اخلاقی نظم کہلانے کا مستحق صرف ان ہی لوگوں کا کلام ٹھہر سکتا ہے بلکہ اس اعلیٰ درجے کے اخلاق ان لوگوں نے مرثیے میں بیان کئے ہیں ان کی نظیر فارسی بلکہ عربی شاعری میں بھی مشکل سے ہی ملے گی۔''

(مقدمہ شعروشاعری، ص:۲۶۶۔یوپی اُردو اکیڈیمی،۱۹۸۲ء)

دُنیا کی ناپائیداری پر انیسؔ کے مرثیے کا یہ بند عجب رُخ دکھاتا ہے۔

شادی ہے کسی شخص کو، غم کھاتا ہے کوئی
خلعت کوئی پاتا ہے، کفن پاتا ہے کوئی
آتا ہے جہاں میں کوئی اور جاتا ہے کوئی
کھلتا ہے کوئی پھول تو مرجھاتا ہے کوئی
گر غور سے دیکھو تو بھروسہ نہیں دم کا
دُنیا بھی مرقع ہے عجب شادی وغم کا

اسی طرح ایک اور شعر ہے:

بے درد والم شام غریباں نہیں گذری
دُنیا میں کسی کی کبھی یکساں نہیں گذری

میر انیسؔ نے حضرت علیؑ پر جو مرثیے لکھے ان میں فضائل وکرامات سے زیادہ زور اُن کی شجاعت، فقر، توکل، صبر، علم وحلم، حق پسندی، سخاوت اور عدل پر دیا ہے۔ جنابِ فاطمہؑ کے مرثیوں میں ان کی عفت وعصمت کے ساتھ ان کی محنت کش زندگی، صبر واستغنا اور زہد وتقویٰ سے اخلاق کے پہلو کو ابھارا ہے۔

دولت سے کچھ غرض تھی نہ حشمت سے کام تھا
آٹھوں پہر خدا کی عبادت سے کام تھا
سینے میں دل علائق دُنیا سے پاک تھا
گویا طلا بھی سامنے زہراؑ کے خاک تھا

جناب فاطمہؑ نے جس طرح اپنی کنیز فضہ سے مساوات برتی اسے اس طرح نظم کیا۔

پاس اپنے سدا فضہ کو بٹھلاتی تھیں زہراؑ
جب اس کو کھلالیتی تھیں تب کھاتی تھیں زہراؑ

ماں باپ اور اولاد کی موت پر کچھ حقیقت آمیز شعر اس طرح ہیں:

یہ داغ یہ اندوہ الم سب کے لئے ہیں
ماں باپ زمانے میں سدا کس کے جئے ہیں
رستہ وہ اجل کا ہے کہ ہوتا ہی نہیں بند
کوچ آج پدر کا تو کل جائے گا فرزند

جو آئے ہیں دُنیا میں وہ سب کوچ کریں گے
اس زیست کا انجام یہی ہے کہ مریں گے

مظلوم کا دل دُکھانے سے باز رہنے کے لئے اس شعر کا جواب نہیں۔

ناحق شکستہ دل کے ستانے سے کیا حصول
دکھتے ہوئے جگر کے دُکھانے سے کیا حصول

انیسؔ کے کلام میں حسن اخلاق کا پرچار ہے۔انہوں نے اپنے کلام سے دُنیائے انسانیت کو تعمیری جذبوں سے آگاہ کرنے اور تخریبی جذبوں سے روکنے کا کام لیا ہے اور اپنے کلام سے آفاقی قدروں کو اُجاگر کیا ہے۔دُنیا کی بے ثباتی و ناپائیداری پر ان کے یہ اشعار اخلاقی پند و نصیحت کا بے مثال مرقع ہیں۔

اے مومنو مصروف رہو یاد خدا میں
جینے کا بھروسہ نہیں اس دار فنا میں
غافل نہ ہو مل جائے جو وقفہ کوئی دم کا
نزدیک ہے دُنیا سے سفر ملک عدم کا
اس منزل فانی میں دل اپنا نہ لگاؤ
الفت نہ کرو اس سے جسے چھوڑ کے جاؤ
چلتے ہوئے ہرگز کوئی کام آنہ سکے گا
ہمراہ کچھ اسباب جہاں جا نہ سکے گا

مرثیوں سے زیادہ اخلاقی مضامین ہمیں انیسؔ کے سلاموں اور رباعیات میں ملیں گے۔خصوصیت سے سلاموں میں اخلاقیات کا عنصر زیادہ پایا جاتا ہے۔کار خیر، دُنیا چند روزہ ہے، حق گوئی، راست بازی، شکر خدا، دردمندی عفوودرگذر احسان مندی، رحم، گناہوں کا احساس، ثابت قدمی، موت کی یاد، عقبیٰ کی آگہی اور خاکساری وغیرہ۔انیسؔ کے سلاموں

کا درس اخلاق ہیں۔ ان کے سلاموں کے بعض اشعار تو ضرب المثل بن چکے ہیں۔ حمد و نعت کے ان اشعار کو دیکھئے۔

اس کا ادائے شکر ہو کس طرح اے انیسؔ
جس نے اٹھا کے خاک سے انساں بنا دیا
سحر کو اٹھ کے زباں سے یہ کام لیتے ہیں
خدا کے بعد محمدؐ کا نام لیتے ہیں

ایک مشہور مقولہ ہے ''جیو اور جینے دو'' عام طور پر انسان پہلے حصے پر تو پورا عمل کرتے ہیں لیکن دوسرے حصے جینے دو پر بہت ہی کم عمل ہوتا ہے۔ انیسؔ کے اشعار میں اسی طرف ترغیب دلائی گئی ہے۔

کسی کو کیا ہو دلوں کی شکستگی کی خبر
کہ ٹوٹنے میں یہ شیشے صدا نہیں رکھتے
کسی کا دل نہ کیا ہم نے پائمال کبھی
چلے جو راہ تو چیونٹی کو بھی بچا کے چلے
خیالِ خاطر احباب چاہئے ہر دم
انیسؔ ٹھیس نہ لگ جائے آبگینوں کو
کبھی بُرا نہیں جانا کسی کو اپنے سوا
ہر ایک ذرّے کو ہم آفتاب سمجھے ہیں

انیسؔ کی قادر الکلامی اور جدت پسندی ان اشعار میں واضح ہے جہاں انہوں نے توکل، قناعت، استغنا اور دُعا پر بالواسطہ اور بلا واسطہ تعلیم دی ہے۔

قناعت و گہر آبرو و دولت دیں
ہم اپنے کیسۂ خالی میں کیا نہیں رکھتے

صورت آئینہ استغنا کے جوہر کھل گئے
ایک در، ہم پر ہوا بند، سو در کھل گئے
دُنیا سے ہاتھ اٹھا کے توکل خدا پہ کر
ہاتھ اس لیے شریک ہیں دونوں دُعا کے ساتھ

ان کے درس اخلاق کا یہ شاعرانہ وفنکارانہ انداز ملاحظہ فرمائیے کہ کس طرح خاکساری، صبر وتحمل، اور استقلال کا سبق دیا ہے۔

خاکساری نے دکھائیں رفعتوں پر رفعتیں
اس زمین سے واہ کیا کیا آسماں پیدا ہوئے

جنھیں ملا انھیں افتادگی سے اوج ملا
انھیں نے کھائی ہے ٹھوکر جو سر اٹھا کے چلے
اپنی زباں سے پوچھ خموشی کی لذتیں
جاہل سے اعتراض پہ جھگڑا نہ چاہئے

زمانہ یکساں نہیں رہتا بلکہ ہر دور بدلتا رہتا ہے۔ اس طرح انیسؔ عمل کی دعوت بھی دیتے ہیں، زمانے پر تو ان کا یہ شعر ضرب المثل بن چکا ہے۔

کسی کی ایک طرح پر بسر ہوئی نہ انیسؔ
عروجِ مہر بھی دیکھا تو دوپہر دیکھا
نہ کی آہ کچھ عمر رفتہ کی قدر
عجب جنس تھی رائیگاں کردیا

انیسؔ کا شعری سرمایہ بحر ذخار ہے تقریباً ڈھائی سو مرثیے، سو سے اوپر سلام اور پانچ سو سے زائد

رباعیات،اس مضمون میں راقمہ نے صرف چند ہی اشعار کا احاطہ کیا ہے۔رباعیات انیسؔ اخلاقی مضامین کا بیش بہا خزانہ ہیں۔رباعیات میں اخلاقی عنصر نہایت توانائی اور بلند آہنگی رکھتا ہے۔یہ رباعیات درس اخلاق کے علاوہ شعری ذکاوت' رفعت تخیل' انفرادی طرز ترسیل سے مزین ہیں۔

کیا کیا دُنیا سے صاحب مال گئے
دولت نہ گئی ساتھ نہ اطفال گئے
پہونچا کے لحد تلک پھر آئے سب لوگ
ہمراہ اگر گئے تو اعمال گئے

کیا قدر زمیں کی آسماں کے آگے
جھکتے ہیں قوی بھی ناتواں کے آگے
نرمی سے مطیع سنگ دل ہوتے ہیں
دنداں صف بستہ ہیں زباں کے آگے

رتبہ جسے دُنیا میں خدا دیتا ہے
وہ دل میں فروتنی کو جا دیتا ہے
کرتے ہیں تہی مغز ثنا آپ اپنی
جو ظرف کہ خالی ہے صدا دیتا ہے

ہر وقت زمانے کا ستم سہتے ہیں
حاسد جو بُرا کہے تو چپ رہتے ہیں

اچھے تو بُروں کو بھی کہتے ہیں نیک

جو بد ہیں وہ اچھوں کو بُرا کہتے ہیں

دُنیا بھی عجب سرائے فانی دیکھی

ہر چیز یہاں کی آنی جانی دیکھی

جو آکے نہ جائے وہ بڑھاپا دیکھا

جو جاکے نہ آئے وہ جوانی دیکھی

میر انیسؔ کے کلام کا بغور مطالعہ کیا جائے تو نئی نئی جہتیں دریافت ہوتی رہیں گی ان کا کلام
اُردو شعر و ادب میں اخلاقی مضامین کا بیش بہا سرمایہ ہے۔

ڈاکٹر عسکری صفدر

(پرنسپل گورنمنٹ ڈگری کالج آرمور نظام آباد)

انسانی تہذیب کا علمبردار شاعر اقبالؔ

اردو زبان و ادب میں بعض ایسے شاعر گذرے ہیں جنہوں نے زندگی اور زمانے کو متاثر کیا اور عہد و زمانہ ساز اور تاریخ ساز شاعر کہلائے۔ اپنی فکر و فلسفہ سے دنیا کو بہت کچھ دیا۔ ان میں ایسے ہی ایک تاریخ ساز شاعر ڈاکٹر شیخ محمد اقبال ہیں۔ یہ وہ شاعر ہیں جو خود سے پیدا نہیں ہوتے بلکہ زمانہ انہیں پیدا کرتا ہے۔ اقبال کی فکر و فلسفہ اور ان کی شاعری کا پیغام رہتی دنیا اور انسانیت کے لئے صالح زندگی کا پیغام ہے۔ اقبال کا زمانہ 1877ء تا 1938ء تک ہے۔ یہ وہ زمانہ ہے جب کہ برصغیر کے لوگ سیاسی طور پر انگریزوں کی غلامی سے آزادی حاصل کرنے کی شعوری کوشش کر رہے تھے جب کہ دوسری طرف عالمی طور پر مسلمان اپنے مذہبی' سیاسی اور سماجی تشخص کے لئے سرگرداں تھے۔ اقبال نے ابتداء میں قومی شاعری کی۔ بعد میں ان کی فکر آفاقی ہوگئی۔ اقبال ہندوستان کی جدوجہد آزادی کے اولین نقیبوں میں سے ایک ہیں۔ ان کی قومی اور وطنی نظمیں صرف اردو میں نہیں بلکہ ساری ہندوستانی زبانوں کی قومی شاعری کا منتخب سرمایہ سمجھی جاتی ہیں۔ ترانہ ہندی کے سارے اشعار حب وطن کے جذبہ سے سرشار ہیں۔ ترانہ ملی اور نظم ہمالہ میں بھی وطن پرستی کا جذبہ ہے۔ نیا شوالہ بھی اسی جذبہ کا پیکر ہے۔ اس میں خاک وطن کا ہر ذرہ دیوتا لگتا ہے۔ اقبال پیامبر شاعر ہیں۔ پیغمبر کا طرز تخاطب عوامی ہوتا ہے۔ ن کو عوما سے سروکار رہوتا ہے۔ اقبال کی کئی نظمیں پیغمبرانہ خصوصیات کی حامل ہیں۔ ہر نظم کے ذریعے وہ عالم انسانیت کو پیغام پہونچانے کی کوشش کرتے ہیں۔ ان کی نظموں کی خاص خوبی یہ ہے کہ وہ شعر کو کردار کے طور پر پیش کرتے ہیں۔ شعری کردار سے ان کی شاعری اور متاثر کن بن جاتی

ہے۔اقبال نے ایک منظّم فلسفہ حیات کو اپنایا۔فلسفی کی یہ خوبی ہوتی ہے کہ وہ کائناتی اپیل کا خوگر ہوتا ہے۔خود کو کہیں محصور نہیں رکھتا بلکہ عالمی و کائناتی تصور میں اپنی بات پیش کرتا ہے۔زندگی کو خاص ڈھنگ سے سوچنے سمجھنے پیش کرنے کا نام فلسفہ ہے۔اقبال کو فلسفی شاعر بنانے میں ان کا تعلیمی کردار۔یورپ کے فلاسفرز کا مطالعہ اور اسلامی دنیا ہے۔انہوں نے قران کو اپنی فکر کا محور و بنیاد بنایا ہے۔ان کی جتنی نظمیں وغزلیں ہیں ان کا تجزیہ کریں گے تو پتہ چلے گا کہ اقبال کے فلسفے کی بنیاد قرآن ہے۔ان کے یہاں خودی کا فلسفہ بہت معنوں میں استعمال ہوا ہے۔خودی کیا ہے۔خودی ضبط نفس‘یقین ذات‘احساس لفظ کا نام ہے۔اقبال نے صاف صاف کہہ دیا کہ انسان انسان کو اپنا سبب تخلیق جاننا ہوگا کہ اسے دنیا میں کیوں تخلیق کیا گیا۔اسے دنیا میں کیا کرنا ہے۔کردار سازی‘ شخصیت سازی‘ اخلاق سازی‘ کائنات کی تسخیر کے جذبے سے خودی کی تکمیل ہوتی ہے۔اگر انسان خود کو سمجھ لیا تو دنیا میں بڑے بڑے مناصب پر فائز ہوسکتا ہے۔انہوں نے فلسفیانہ فکر کو اعلی ترین شعریت سے ہم آہنگ کردیا۔اقبال جن شاعرانہ اور والہانہ انداز میں عظمت انسانی کے گن گائے ہیں وہ انہیں عالم انسانیت کا شاعر بنادیتی ہے۔اقبال کی شاعری اور فلسفہ کا محور خودی‘ عشق اور عمل ہے۔خودی کے تعلق سے کہتے ہیں

خودی کیا ہے راز درون حیات
خودی کیا ہے بیداری کائنات
اندھیرے اجالے میں ہے تابناک
من وتو میں پیدا من وتو سے پاک
خودی کا نشیمن تیرے دل میں ہے
فلک جس طرح آنکھ کی تل میں ہے
خودی کو کر بلند اتنا کہ ہر تقدیر سے پہلے
خدا بندے سے خود پوچھے بتا تری رضا کیا ہے

میرا طریق امیری نہیں فقیری ہے

خودی نہ بیچ غلامی میں نام پیدا کر

اوراس طرح کے بے شماراشعاران کی نظموں میں موجود ہیں اسی خودی کے فلسفے کے ذریعے اقبال انسانی ذہنی، فکراورشخصیت کی تعمیر ونشونما کرنا چاہتے تھے۔ یہ فلسفہ عالم انسانیت کے لئے ہے نہ کہ کسی محدودفردوفرقہ کے لئے۔ یہ عمومی موضوع ہے۔ ان کا یہ تصور عالم انسانیت کی تعمیر وتشکیل کا باعث بن جاتا ہے۔ عشق اقبال کے یہاں عمومی طور پر استعمال ہوا ہے۔ پوری کائنات کی تخلیق کا مظہر عشق ہے۔ اقبال عشق کو اہمیت دیتے ہیں۔ عشق ہی سے دنیا کی ترقی ہوئی ہے۔ عشق نہ ہوتو کوئی کام پائے تکمیل ومنزل تک نہیں پہونچ سکتا۔

عشق دم جبرئیل عشق دل مصطفیٰ

عشق خدا کا کلام عشق خدا کا رسول

بے خطر کود پڑا آتش نمرود میں عشق

عقل ہے محو تماشہ لب بام ابھی

عشق نور حیات بھی ہے۔ عشق کار حیات بھی ہے۔ اقبال عشق کے قائل بھی ہیں۔ اور عقل کے متوازن استعمال پر زور بھی دیتے ہیں۔ اسی طرح عمل کا فلسفہ بھی اہمیت کا حامل ہے۔ وہ کہتے ہیں۔

یقین محکم عمل پیہم محبت فاتح عالم

جہاد زندگانی میں ہیں یہ مردوں کی شمشیریں

جہد مسلسل اور عمل پیہم کی تلقین عالم انسانیت کو کرتے ہیں۔ عمل سے ہی زندگی سنورتی ہے اور جہنم بھی وجہہ بن سکتی ہے۔ صالح اعمال سے انسان دنیا اور دین عقبی وآخرت سنوار سکتا ہے۔ نیک عمل سے ابدی قدریں حاصل کرسکتا ہے۔ اس لئے عالم انسانیت کو صالح عمل کی تلقین وتاکید کرتے ہیں۔ اقبال نے کئی ایسے اشعار کہے ہیں جس میں انسان کی اہمیت عظمت وبرگزیدگی کو اجاگر کیا گیا ہے۔ وہ

کہتے ہیں۔

عروج آدم خاکی سے انجم سہے جاتے ہیں
کہ یہ ٹوٹا ہوا تارا مہ کامل نہ بن جائے

انسان خاک کا پیکر ہے مٹی سے بنایا گیا ہے۔اس میں ترقی کی صلاحیتیں موجود ہیں۔اس کی ترقی و بلندی کو دیکھ کر اجرام فلکی بھی تارے بھی سہم جاتے ہیں۔ انسان اپنے ذہن و عقل سلیم کے ذریعے سورج کی شعاؤں کو گرفتار کر رہا ہے۔سمندر کا سینہ چاک کر رہا ہے۔ چاند پر کمندیں ڈال رہا ہے۔ چاند میں برف تلاش کر رہا ہے۔ یہاں تک کہ چاند میں بسنے کی تگ و دو جاری و ساری ہے اور ایک دن یہ ٹوٹا ہوا تارہ ماہ کامل بن جاتا ہے۔

نہیں نا امید اقبال اپنی کشت ویراں سے
ذرا نم ہو تو یہ مٹی بڑی زرخیز ہے ساقی

اقبال انسان کو نا امیدی سے کنارہ کشی اختیار کرنے کی تلقین کرتے ہیں۔ مایوسی نا امیدی کفر ہے۔ انسان کو خدا کی ذات سے امید لگائے رہنا چاہئے۔ اور جہد مسلسل سے تمام حالات بدل سکتے ہیں۔ ہمیشہ منزل کے حصول کی کاوش و کوشش میں لگے رہنا چاہئے۔ انسان کو خدا کے ہنر کا شاہکار سمجھا جاتا ہے۔ جب خدا نے انسان کو اشرف و افضل بنایا اور نائب بنا کر دنیا میں بھیجا تو انسان کو چاہئے کہ دنیا کا ادراک حاصل کرے۔ دنیا کی تمام چیزیں انسان کے تصرف میں دی گئی ہیں۔ وہ اپنی سمجھ بوجھ کے مطابق اس سے استفادہ کرے۔ اقبال کہتے ہیں۔

یہی آدم ہے سلطاں بحر و بر کا
کیوں کہا ماجرا اس بے بصر کا
نہ خود بیں نے خدا بیں جہاں بیں
یہی شاہ کار ہے تیرے ہنر کا

انسان بحر و بر کا بادشاہ و شہنشاہ ہے۔ وہ اپنی صلاحیت سے ان پر تسخیر کر سکتا ہے۔ وہ خود اور خدا کو

پہچانے اور دنیا کی بصیرت حاصل کرے۔ دنیاو کائنات کو سمجھ کر اس پر حکومت' سیادت' نیابت کرے۔ یہی تیرا منصب ہے۔ انسانیت کے منصب کا تقاضہ یہے خدا بھی یہی چاہتا ہے۔ کہ میری تخلیق کی ہوئی مخلوق میں اعلی وارفع صفات ہونی چاہئے۔ وہ خودی' عشق وعمل کے ذریعے سے کائنات پر تصرف حاصل کرے۔ یہی انسان کی معراج ہے۔

دشت تو دشت دریا بھی نہ چھوڑے ہم نے
بحر ظلمات میں دوڑا دئے گھوڑے ہم نے
کوئی اندازہ کر سکتا ہے اس کے زور بازو کا
نگاہ مرد مومن سے بدل جاتی ہیں تقدیریں

اس طرح اقبال کے کلام میں افکار اور نظریات میں انسانی قدر اور انسانی عظمت اور احترام آدم کا ہمیں درس ملتا ہے۔ اقبال فلسفی شاعر ہیں۔ اسی لئے وہ کسی ایک مقام تک محدود نہیں ۔ اقبال نہ سیالکوٹ نہ پاکستان نہ مشرق بلکہ پورے عالم کے شاعر ہیں۔ ساری انسانیت کے شاعر ہیں۔ اور اپنے فکر وفن سے ساری انسانیت کی ذہنی تعمیر وتشکیل کرتے ہیں۔ اقبال کو انسان کے معمار جہاں ہونے کا شدید احساس تھا۔ اس لئے وہ اپنی نظموں اور غزلوں میں انسانیت کی عظمت کے گن گاتے ہیں۔ اقبال کو اکیسویں صدی میں عالم گیریت اور آفاقیت کے تناظر میں پرکھنا چاہئے۔ کسی علاقے ملک فرقہ اور قوم تک انہیں محدود نہ کریں۔ ان کے یہاں موضوعات میں تنوع ہے۔ وہ ان تمام موضوعات وعنوانات کو اپنی شاعری کا موضوع بناتے ہیں جس سے انسان کی عظمت واقع ہو اور سماج و معاشرہ کی تطہیر کا باعث ہو۔ اقبال نے انسان کے بشری تقاضوں اور انسانی قدروں کو پیش کیا ہے۔ اس آج دنیا کے ممالک اپناتے ہیں تو نہ جنگیں ہوتیں نہ اقوام میں نفرت کا راج ہوتا نہ اجتماعیت ذہنی سکون انسانی فلاح و بہبود رفاہی جذبات ان تمام کو بتانے میں مہارت دکھائی ہے۔ لیکن آج دنیا میں اس کے برعکس ہو رہا ہے۔ بڑی طاقتوں جمہوریت کے نام پر ملکوں واقوام کو برباد کر رہی ہیں۔ نسلی امتیاز آج بھی باقی ہے۔ خواتین کا تحفظ

سوالیہ نشان بن گیا ہے۔مقدس رشتے تار تار ہو رہے ہیں۔سماج و معاشرہ میں ذہنی سکون و اطمینان میسر نہیں۔ایسے میں اقبال کے کلام کی معنویت بڑھ جاتی ہے۔آج دنیا کو اقبال کے افکار و نظریات کی ضرورت ہے۔تا کہ دنیا انسانی لحاظ سے ترقی کی سمت گامزن ہو اور انسان انسان سے ملاپ رکھے۔انسانی و انسانیت کی ترقی ہو۔انسانی قدریں پروان چڑھیں اور قدروں کا بول بالا ہو۔ یہی عندیہ اقبال کا تھا۔

ڈاکٹر محمد ناظم علی

(پرنسپل گورنمنٹ ڈگری کالج موڑتاڑ نظام آباد)

نظیؔر کی شاعری میں تہذیبی قدریں

نظیؔر اکبرآبادی اردو زبان کے پہلے ''عوامی شاعر'' ہیں۔ انہوں نے اس دور کی روایتی غزل گوئی کے مقابل نظم نگاری کا آغاز کیا۔ وہ اردو کی ملی جلی تہذیب کے علمبردار ہیں۔ نظیر کی شاعری انسان دوستی، مذہبی رواداری، اور تہذیبی و اخلاقی اقدار کا مثالی نمونہ ہے نظیر نے اپنی نظموں میں انسانیت اور اقدار سے متعلق تمام موضوعات کا احاطہ کیا۔ ہر موضوع پر نظمیں لکھیں، نظیر نے اپنے دور کے معاشرہ کی عکاسی اپنی نظموں کے ذریعہ کی۔ ان کی تمام نظموں میں مشاہداتی فضا موجود ہے ان کی نظموں میں زندگی کے تمام موضوعات دکھائی دیتے ہیں۔ انکی نظمیں تہذیبی قدروں کی بہترین ترجمانی کرتی ہے۔ نظیر ہندو مسلم کی تاریخ وتہذیب، رسم ورواج سے آشنا تھے کیوں کہ نظیر کی زندگی کے شب وروز ماہ وسال انھیں کے درمیان گزرے۔ نظیر ہندو مسلم دونوں سے محبت رکھتے اور دونوں کے جذبات اور احساسات کا احترام کرتے۔ انکے خوشی اور غم میں شریک ہوتے۔ شب برات میں شریک ہوئے، عید مل کر منائی، ہولی میں ان سے مل کر ہولی کھیلی، وہ بچوں کے ساتھ بچہ بن کر ریچھ کا تماشہ دیکھتے ہیں اور جوانوں کے ساتھ جوان بن کر برسات کی بہاروں کا مزہ لوٹتے ہیں اور بوڑھوں کی زندگی کی بے ثباتی پر انھیں بنجارہ نامہ سناتے ہیں۔

نظیر کی نظموں کا تعلق ان تمام تہذیبی اور اخلاقی پہلوؤں سے تھا جس میں عوام کا سکھ چین، دکھ درد سمویا ہوا تھا اور ان کے نزدیک تمام مذاہب کی تعلیمات انسانوں میں پیار اور محبت کا جذبہ پیدا کرنے میں مدد دیتی ہے عوام سے محبت کرنا اور ان کے رنج وغم اور ان کی خوشی میں شریک ہونا سکھاتی ہے۔ نظیر زندہ رہنے کی مسرت سے خوب خوب واقف تھے اس لیے وہ خود کہتے ہیں:

"دنیا میں ہے جو سب کچھ انسان کے لیے ہے۔"

نظیر کے بارے میں کلیم الدین احمد کا خیال ہے کہ:

"نظیر حقیقت طراز شاعر ہیں جو چیزیں وہ گرد و پیش میں دیکھتے ہیں ان کی جیتی جاگتی تصویر اتارتے ہیں اور یہ سب چیزیں خاص ہندوستان کی فضا میں سانس لیتی ہیں۔" (کلیم الدین احمد۔ اردو شاعری پر ایک نظر، ص:39)

نظیر عید کی خوشی کا اظہار اس طرح کرتے ہیں:

روزوں کی سختیوں میں نہ ہوتے اگر امیر
تو ایسی عید کی نہ خوشی ہوتی دل پذیر
سب شاد ہیں گدا سے لگا شاہ تا وزیر
دیکھا جو ہم نے خوب تو سچ ہے میاں نظیر

نظیر شب برات کے موقع پر حلوا اور چپاتی سے لذت حاصل کرتے ہیں:

کیوں کر کرے نہ اپنی نموداری شب براب
چلپک چپاتی حلوے سے ہے بھاری شب برات
زندوں کی ہے زباں کی مزیداری شب برات
مردوں کی روح کی ہے مددگاری شب برات

نظیر خالص ہندوستانی شاعر ہیں ان کی شاعری کی فضا ہندوستانی ہے، زبان ہندوستانی ہے، اور ان میں تہذیبی اور اخلاقی قدریں ہیں۔ ان کی شاعری کے موضوعات ہندوستانی ہیں۔ نظیر کی شاعری میں نہ عرب کے صحرا و دشت ہیں اور نہ ایران کے گلستان اور بوستان۔ نظیر عام فہم الفاظ استعمال کرتے ہیں ان کی شاعری انتہائی سادہ اور آسان ہے۔ شاعری میں برج، پنجابی، اودھی اور کھڑی بولی کے الفاظ کی کثرت ہے۔

نظیر کی انسانی دوستی پر سیدہ جعفر اس طرح روشنی ڈالتی ہیں :

’’ نظیر ہمیشہ عوام سے قریب رہے، ان کے دکھ درد، ان کی بھولی بھالی مسرتوں، ان کی فطری خواہشات اور ان کے مشاغل اور مسائل سے اردو کے بہت کم شعرا کو نظیر جیسی آگا ہی حاصل تھی ۔ اردو شاعروں میں نظیر سے بڑا انسان دوست شاعر کم ملے گا۔ نظیر تمام انسان سے اس لیے محبت کرتے ہیں کہ وہ خدا کی مخلوق ہے نظیر ایک وسیع النظر، روادار، انسان دوست اور آزاد خیال آدمی تھے۔ انھیں ہر مذہب و مسلک کے افراد سے خلوص و وابستگی تھی ۔‘‘ (تاریخ ادب اردو، ص: 157)

نظیر کہتے ہیں ہندوستانی عوام کے جذبات رقص و موسیقی سے ہم آہنگ ہوتے ہیں ۔ ہولی کا طرب انگیز منظر پیش کرتے ہوئے نظیر بہت جذباتی ہو جاتے ہیں :

ہوا جو آ کے نشاں آشکار ہولی کا

بجا دباب سے مل کر ستار ہولی کا

سرور، رقص ہوا ہے شمار ہولی کا

ہنسی خوشی میں بڑھا کاروبار ہولی کا

دیوالی کی خوشی کا اظہار دل کی گہرائی سے کرتے ہیں :

ہر اک مکان میں جلا پھر دیا ہولی کا

ہر اک طرف کو اجالا ہوا دوالی کا

سبھی کے دل میں سماں بھا گیا دوالی کا

کسی کے دل کو مزا خوش دوالی کا

نظیر کی شاعری عام انسان کی شاعری ہے ۔ کہتے ہیں کہ کوئی اٹھارہویں صدی کی ہندوستانی

تہذیب کو دیکھنا چاہتا تو وہ نظیر کی شاعری پڑھ لے۔نظیر کی شاعری محض تفریح طبع کا ذریعہ نہیں تھی بلکہ وہ اس کے ذریعہ مساوات، بھائی چارہ، قومی یکجہتی، ہمدردی اور تہذیبی اور اخلاقی قدروں کا پیغام دینا چاہتے تھے۔

وحیدالدین سلیم رقمطراز ہیں:

"نظیر اکبر آبادی نے عام لوگوں کے میلے ٹیلوں اوران کے حالات و خیالات و مشاغل زندگی کی ایسی سچی تصویریں کھینچی ہیں کہ کوئی شاعر اس باب میں ان کا مقابلہ نہیں کرسکتا۔" (اردو شاعری کا مطالعہ۔ رسالہ اردو جنوری، 1993)

ہندوستانی تہذیب میں مذہب کو خاص مقام حاصل ہے عوام کا مذہب سے گہرا عقیدہ اور ان کے جذبات اس بات کا ثبوت ہیں کہ وہ کتنے مذہبی ہیں۔نظیر نے اپنی نظم تیرا کی میلہ میں اس بات کو بہ خوبی نبھایا اور بتایا کہ عوام تیرا کی کے وقت اپنے پیر و مرشد اور دیوی دیوتاؤں کا نام لے کر تیرتے ہیں۔

ہر آن بولتے ہیں سیر کبیر کی جۓ
پھر بعد اس کے استاد پیر کی جۓ
سور و مکٹ کنہیا جمنا کی تیر کی جۓ
پھر غول کے سب اپنے خرود کبیر کی جۓ
ہم دم یہ کہ خوشی کی گفتار پیرتے ہیں
اسی اگرے میں کیا کیا ائے یار پیرتے ہیں

نظیر کا مشاہدہ بڑا گہرا اور وسیع ہے۔ وہ زندگی کے متعلق تہذیبی اور اخلاقی پہلوؤں کو اس طرح اپنی نظموں میں سمودیتے ہیں کہ تصویر سامنے آجاتی ہے۔

نیاز فتح پوری نظیر کی تعریف اس طرح کرتے ہیں:

''نظیر کے ہاں کبیر کے اخلاق وخسرو کے ذہن کا ایک دلکش امتزاج
ملتا ہے۔''

نظیر نے جہاں حمد ونعت اور منقبت پر طبع آزمائی کی اور بزرگانِ دین کی مدح سرائی کی
وہیں ہر کی تعریف، مہادیو کا بیاہ، گرونانک، شری کرشن، درگا جی، بلدیو جی کا میلہ، کنہیا جی کی
بانسری کے بارے میں خوب لکھا ہے۔ نظیر نے عیدوشب برات کے ساتھ ہولی، دیوالی اور راکھی
پر نظمیں لکھیں۔ نظیر نے ہندوؤں اور مسلمانوں کی مذہبی اور غیر مذہبی تقریبات ورسومات پر نہ
صرف دل کھول کر لکھا ہے بلکہ ان کی معمولی سے معمولی جزئیات کو بھی انتہائی حسن کاری اور سلیقے سے
نظم کرنے میں کامیاب ہوئے۔ نظیر نے ہندوستان کے قدیم تاریخی ونیم تاریخی واقعات، مذہبی
حکایات وقصص اور ہندوعقائد کو نہایت خوبصورتی اور حسن عقیدت کے ساتھ پیش کیا۔

نظیر تمام انسانوں کو امتیازات سے ماورا محبت کے رشتہ میں بندھی ہوئی مخلوق تصور کرتے
ہیں۔ نظیر صلح کل ''مذہبی رواداری اور انسان دوستی'' کے پیکر ہیں :

جھگڑا نہ کرے مذہب و ملت کا کوئی ہاں
جس راہ میں جوان پڑے خوشی رہے بر آن
زنار گلے یا کہ بغل بیچ ہو قرآن
عاشق تو قلندر ہے نہ ہندو نہ مسلمان

نظیر نے ہندو معاشرت وتہذیب کو قدیم رنگ میں نظم کیا۔ نظیر نے جس حسن وخوبصورتی
کے ساتھ اساطیر قدیمہ اور روایات پارینہ کو شعری جامہ عطا کیا ہے وہ شاید اب تک کسی ہندو شاعر
سے بھی ممکن نہیں ہوسکا۔ عبدالباری آسی لکھتے ہیں :

''ہندوؤں کی تقریبات، میلوں ٹھیلوں نیز ان کے ماقبل تاریخ کے
واقعات کو جنھیں ان کے یہاں مذہبی درجہ حاصل ہے جس خوش اسلوبی
اور قادرالکلامی کے ساتھ نظیر نے نظم کیا ہے ان کی مثال اردو کے کسی

شاعر کے یہاں نہیں ملتی۔ ہر ایسی چیز کے بارے میں انھوں نے اتنی واقفیت کا اظہار کیا ہے اور ایسی نظموں میں الفاظ اور محاورات اور تلمیحات وتشبیہات بھی اس قسم کے لائے ہیں جن سے معلوم ہوتا ہے کہ ہندو مذہب اس کی تاریخ اور رسوم نیز ہندو معاشرت پر ان کی نظر کتنی گہری تھی۔ پیرایہ بیان ہر جگہ عقیدت کا ہے۔''

(کلیات نظیر، ص:85)

نظیر ہر لحاظ سے ہندوستانی شاعر ہیں۔ وہ جذبات واحساسات کے لحاظ سے بھی ہندوستانی ہیں۔ ان کے یہاں ہندوستانی رسم ورواج، عقائد واوہام، موسم، دریا، پہاڑ، پرندے، کھانے، مٹھائیاں، پھل، ملبوسات، زیورات، سواریاں، آتش بازیاں، میلے ٹھیلے، کھیل تماشے، تفریحات ومشاغل، ہندوستانی قصے کہانیوں کی نہ صرف جلوہ گری ہے بلکہ ہندوستانی زندگی کی معاشرت کی منھ بولتی اور چلتی پھرتی تصویریں اپنی مخصوص آب وتاب کے ساتھ نظر آتی ہیں۔ نظیر کے زمانے میں کئی زبانوں کے ادب رائج تھے وہ ان سے بہ خوبی واقف تھے۔ نظیر کے کلام کے مطالعہ سے پتہ چلتا ہے کہ جہاں انھوں نے ایران، عرب، افغانستان، بابل وغیرہ کی عظیم ہستیوں اور مقامات کو اپنے کلام میں جگہ دی ہے وہیں ہندوستان کی اہم شخصیات کے ذکر کے ساتھ مشہور مقامات کی سیر بھی کرائی ہے۔ ان کے یہاں رستم، سہراب، دارا، سکندر، شداد، نوشیروان، مانی، بہزاد، جمشید وغیرہ کے ساتھ اکبر، سرفراز خان، ذوالفقار خاں، شاہ جہاں، امجد خاں وغیرہ بھی نظر آتے ہیں وہ اپنے کلام کے ذریعہ اصفہان، ایران، سمرقند، بخارا وغیرہ کے ساتھ آگرہ، اسکندرا، کاشی، جھانسی، جونا گڑھ، نائی منڈی، چتوڑ، تاج گنج کی بھی سیر کراتے ہیں۔

اور عید کے موضوعات پر مبنی نظیر کی نظموں میں جوش وخروش اور چہل پہل ہوتی ہے نظیر جوش وخروش اور شور وغل کے عاشق ہیں اور ان موقعوں پر پوری طرح سے لطف اٹھاتے ہیں اور دوسروں کو لطف اندوز ہونے کے لیے مدعو کرتے ہیں۔ نظیر نے نظموں کو خیال بنانے کے بجائے

ان کو زیادہ حقیقی بنایا ہے۔

تہواروں پر جتنی نظمیں نظیر کے کلیات میں موجود ہیں وہ سب ان کی تہذیبی اقدار کی نمائندگی کرتی ہیں۔

‘‘نظیر مطالعہ فطرت کا بادشاہ ہے۔’’

نظیر کی انسان دوستی کی مثال اردو شاعری میں کم ہی دیکھنے کو ملتی ہے۔ نظیر کی نظموں میں ہندوستانی تہذیب کا عکس موجود ہے۔ عوام کا عکس موجود ہے۔ نظیر کی طبیعت اور عوامی طبقہ سے ان کی ہمدردی ان کو عوامی زندگی کے مختلف پہلوؤں کو بیان کی طرف راغب کرتی ہے۔ نظیر زندگی گزارنے کا ہنر بتاتے ہیں زندگی اور فطرت کے حسن سے محبت کرنے کی تلقین کرتے ہیں اچھا انسان بن کر زندگی گزارنے کے لیے کہتے ہیں۔

نظیر اردو کے پہلے کامیاب عوامی شاعر ہیں انھوں نے غزل کی شاعری کے دور میں نظم کی روایت کو آگے بڑھایا اور اردو شاعری کو ایک نئی جہت دکھائی۔

‘‘نظیر تمام انسانوں کو امتیازات ماورا محبت کے رشتہ میں بندھی ہوئی مخلوق تصور کرتے ہیں۔ نظیر صلح کل مذہبی رواداری اور انسانی دوستی اور تہذیبی اقدار کے پیکر ہیں’’

ڈاکٹر محمد ناظم الدین منور

(اسسٹنٹ پروفیسر شاتا واہانا یونیورسٹی کریمنگر)

محمد قلی قطب شاہ کی شاعری میں قومی یکجہتی

ہندوستان ایک کثیر مذہبی ولسانی ملک ہے۔ یہاں مختلف مذاہب کے ماننے والے لوگ رہتے اور الگ الگ بولیاں وزبان بولتے ہیں۔ یہاں وہی حکمراں کامیاب ہوئے یا عوام میں مقبولیت حاصل کر پائے ہیں جو کثرت میں وحدت اور قومی یکجہتی کو فروغ دیتے رہے۔ شمالی ہند میں جہاں اکبر اعظم نے قومی یکجہتی کو پروان چڑھایا وہیں جنوبی ہند میں ان کے ہم عصر محمد قلی قطب شاہ نے قومی وحدت کو فروغ دینے کا کام دورانِ حکومت اپنی منصوبہ بند سرگرمیوں اور اپنے کلام سے کیا۔

محمد قلی قطب شاہ قطب شاہی خاندان کا پانچواں بادشاہ تھا۔ آپ کی پیدائش 1565ء میں ہوئی اور 14 سال کی عمر میں والد ابراہیم قطب شاہ کے انتقال کے بعد 1580ء میں گولکنڈہ میں تخت نشین ہوا۔ تینتیس (33) برس تک حکومت کرتے ہوئے 1612ء میں انتقال کیا۔

محمد قلی اتحاد پسند بادشاہ تھا اسے مذہبی رواداری اور بھائی چارگی ورثے میں ملی تھی اور اس میں ایک اضافہ یہ رہا ہے کہ وہ ایک تلنگی خاتون حرم بھاگ رتی کے بطن سے پیدا ہوا۔ جس سے اس کی رگ رگ میں ہندوستانی تہذیب، رسم و رواج، عیدین اور تہوار رچ بس گئے۔

پروفیسر سیدہ جعفر قطب شاہیوں کی مشترکہ تہذیب سے متعلق راقم طراز ہیں:

''قطب شاہیوں کی تہذیب صحیح معنیٰ میں گنگا جمنی تہذیب تھی جس میں ایران اور ہندوستان کی تہذیبی عناصر کا ایک لطیف امتزاج نظر آتا ہے۔ محمد قلی نے اس گنگا جمنی اور ہندوستانی تمدن کو جلا دی تھی ۔ دکن میں ایرانی اور ہندوستانی تہذیبی عناصر کے میل سے جس تمدن کا خمیر

اٹھا تھا وہ لباس کی تزئین، تراش خراش رہن سہن کے طریقوں، طرزِ تعمیر، آداب معاشرت اور طرزِ فکر کے اعتبار سے ایک مخلوط تہذیب کا آئینہ دار تھا۔''

(انتخابِ کلام قلی قطب شاہ، مرتبہ سیدہ جعفر، ص۔ 12)

محمد قلی قطب شاہ اردو کا پہلا صاحبِ دیوان شاعر تھا انہوں نے فارسی، دکنی اردو اور تلنگی زبان میں شاعری کی۔ وہ بڑی روانی سے ان زبانوں میں اپنے جذبات کا اظہار کر سکتے تھے۔ یہی وجہ رہی ہوگی کہ محمد قلی نے بہت کم عرصہ میں ہزاروں اشعار تخلیق کر دیئے۔

محمد قلی کے کلام میں ہندوستانی تہذیب اور ہندوستانی طرزِ فکر کا اثر نمایاں طور پر دکھائی دیتا ہے۔ محمد قلی کو اپنے وطن اور اپنے آباد کردہ شہر ''حیدر آباد'' سے بے پناہ محبت تھی۔ وہ اپنے عوام کو جو اکثریت میں ہندو مذہب سے تعلق رکھتے تھے وہ تمام سہولیات فراہم کرنا چاہتا تھا اور کیا بھی جو ایک اچھے حکمراں کا فرض ہوتا ہے جیسے منصوبہ بند شہر کی تعمیر، سڑکیں، باغات، آب رسانی نظام 'سرائے وغیرہ بنوائے۔

محمد قلی نے اپنے دورِ حکومت میں اپنے دربار میں ہندو امراء و شعراء کو بھی جگہ دی جو اس کی قومی یکجہتی کے جذبے کو ظاہر کرتی ہے۔ پروفیسر سلیمان اطہر جاوید لکھتے ہیں:

''ہندو مسلم یک جہتی اور سیکولرزم جس کے بارے میں آج ہمارے سیاست داں اور ارباب بست و کشاد زیادہ باتیں کرتے ہیں محمد قلی قطب شاہ نے عملاً قومی یک جہتی، سیکولرزم اور فرقہ وارانہ ہم آہنگی کی مثالیں آج سے زمانہ پہلے پیش کر دی تھیں اور کسی تفریق و امتیاز کے بغیر اس نے اعلیٰ عہدوں پر ہندوؤں کو مامور کیا اس کے با اعتماد امراء اور عہدیداروں میں کئی ہندو اصحاب شامل تھے۔''

(سلطان محمد قلی قطب شاہ، مرتبہ اسلم پرویز، ص۔ 286)

محمد قلی اپنے دورِ حکومت میں مقامی اور موسمی تہواروں میں خود بھی بڑے جوش وخروش سے شامل ہوتا اور سرکاری طور پر بھی یہ تہوار منائے جاتے۔ بین قومی تہواروں میں بسنت، آمد برسات (مرگ)، نوروز، اور ہولی میں عوام بلا مذہب وملت کی تفریق کے سب شامل ہوتے۔ محمد قلی نے ان تہواروں کے علاوہ مختلف عیدیں جیسے عیدِ رمضان، بقرعید، شبِ برات، عیدِ میلاد النبیؐ، عیدِ مولودِ علیؓ، عیدغدیر وغیرہ پر بھی اپنی نظمیں وغزلیں تحریر کی ہیں جو اس کے مشترکہ تہذیب و اتحاد کی نمائندگی کرتی ہیں۔ بسنت پر محمد قلی کی سات (7) نظمیں ہیں۔ ایک شعر ملاحظہ ہو:

شکرایزاد کر معانیؔ رات دن آنند سوں
تیرے مندر میں خوشیاں آنند سوں آیا بسنت

محمد قلی نے اپنے روایتی لباس کو ترک کر کے مقامی لباس کو ترجیح دی اس نے ہندو راجاؤں کی طرح انگ وسترم (چادر) اوڑھی اور داڑھی کی جگہ مونچھ رکھ لی تھی۔ اپنے کلام میں ایک جگہ اپنے والد سے مخاطب ہوتے ہوئے محمد قلی کہتا ہے:

ہندوریت کوں دیتے ہیں تم رواجاں
کہ بت خانہ نمنے ہو تم بھی ہمن سر

محمد قلی کی شاعری کا ایک بڑا حصہ عشقیہ شاعری اور دوسرا مذہبی شاعری کو محیط ہے۔ اس کے علاوہ اس کی شاعری میں پھلوں، عیدوں، تہواروں اور باغوں وغیرہ پر مشتمل نیچرل شاعری ہے۔ محمد قلی کی شاعری سے متعلق نصیرالدین ہاشمی لکھتے ہیں:

''سلطان محمد قلی نے اپنی شاعری میں اس دور کے سماجی اور تہذیبی حالات ورسم ورواج، مراسم شادی بیاہ، عید میلاد، شبِ برات، بسنت نوروز، سالگرہ وغیرہ اور نیچرل شاعری کا جو ذخیرہ چھوڑا ہے وہ فراموش نہیں ہوسکتا اور اپنے پائے تخت حیدرآباد کی آرائش وزیبائش شہر کی خوبصورتی اور صفائی باغوں کی تروتازگی، پھول، پھل، ترکاری

میوہ وغیرہ کا جو حال لکھا ہے وہ شاعری کا مبالغہ نہیں بلکہ حقیقت ہے۔"

(دکنی اُردو، مرتبہ پروفیسر عبدالستار دلوی، ص۔68)

محمد قلی کی شاعری میں مشترکہ تہذیبی و ہندوستانی عناصر ملتے ہیں جو محمد قلی کی اپنے وطن اور اس کے عوام سے محبت کو ظاہر کرتی ہے۔ ان کی شاعری میں چند مشترکہ تہذیبی عناصر حسب ذیل ہیں۔

محمد قلی نے آرتی کو جو ہندوستانی پوجا کا ایک اہم حصہ ہے اپنی عقیدت کے لئے بار بار استعمال کیا ہے جس سے ہندوستانی طرزِ فکر کی ترجمانی ہوتی ہے۔ محمد قلی کی شاعری سے ایک مثال ملاحظہ کیجیے:

کرتے ہیں جیوں پیار تھے تم پر تھے رضوان آرتی
زہرا سوں نس دن وارتے چندسور تریا یا علی

اسی طرح سیندور بھی ہندوستانی کلچر کا ایک حصہ ہے، محمد قلی نے اپنے کلام میں سیندور لفظ کا استعمال بہترین انداز میں کیا ہے۔ ساقی سے مخاطب ہو کر کہتے ہیں:

پلک کا نہیں باندیا نہ جاوے خیال تیرے کن
رقم اس خیال مو پیشانی کوں سیندور کر ساقی

ایک اور ہندوستانی تہذیب سے تعلق رکھنے والی چیز "کُم کُم" کو بھی محمد قلی نے کچھ اس طرح بیان کیا ہے:

کدم کر سو کستود کم کم کلا کر
کنٹھی کوئلاں کا متا گن گوایا

ایک اور خالص ہندوستانی تہذیب کی نمائندگی کرنے والی چیز ساڑی کو بھی محمد قلی بہت پسند کرتا اور اپنے محبوب کو ساڑی میں کچھ اس طرح اظہارِ خیال کرتا ہے:

؎ مدن پھول کے انگ ساڑی بندی ہے
سہے اس کی موتیاں کناری عجائیب

محمد قلی کے کلام میں وطن پرستی اور قومی یکجہتی کے عناصر ملتے ہیں۔اس نے اپنے دورِ حکومت میں ہندو مسلم اتحاد اور مشترکہ کلچر کو فروغ دیا۔یہ وہ دور تھا جب ہندوؤں اور مسلمانوں میں بھائی چارگی تھی۔عوام اپنے اپنے مذہب کو مانتے ہوئے ایک دوسرے کے مذہب کی عزت کرتے۔نہ کبھی فرقہ وارانہ تشدد ہوتا اور نہ ہندو مسلم ایک دوسرے کے ساتھ کسی طرح کی رنجش و دشمنی کا اظہار کرتے تھے۔

حیدرآبادی شاعر سرور ڈنڈا نے محمد قلی قطب شاہ کے سنہرے دور کو اس طرح بیان کیا ہے:

؎ امیداں کے دن تھے، مُرداں کے راتاں
ہندو مسلمن کے ہاتاں میں ہاتاں !
دن اُن کے بیتے سنہرے روپیلے
قلی قطب باشا تھے رنگ رنگیلے
رنگ رنگیلے بڑے چھیل چھبیلے
رنگ رنگیلے بڑے چھیل چھبیلے
عیداں، تیواراں و لنگر نیازاں

(سلطان محمد قلی قطب شاہ، مرتبہ اسلم پرویز، ص۔67)

موجودہ دور میں سیکولرزم، قومی یکجہتی اور ہندو مسلم اتحاد کی باتیں کی جاتی ہیں اس کے لئے کئی اقدامات بھی کئے جاتے ہیں لیکن صرف سطحی طور پر محمد قلی نے ہندو مسلم اتحاد اور قومی یکجہتی کا خواب دیکھا اور اس کی تعبیر بھی پائی جو ان کے منصوبہ بند سرگرمیوں اور دلی وابستگی سے ممکن ہو سکا۔جس کا آج کے دور میں فقدان ہے۔محمد قلی کے کلام سے ہندو مسلم اتحاد اور مشترکہ تہذیبی قدروں کو اپناتے ہوئے ان کے اقدار کو آج بھی ہمارے معاشریے میں پیدا کرنے کی کوشش کرنی چاہیے۔

عارفہ شبنم (ریسرچ اسکالر یونیورسٹی آف حیدرآباد)

فسانہ عجائب، امراؤ جان ادا اور لکھنو کی تہذیب

''فسانہ عجائب'' رجب علی بیگ سرور کی لکھی ہوئی اُردو ادب کی طبع زاد داستان ہے۔ جس کا سنہ تصنیف 1824ء ہے۔ یہ اُردو کی تین اہم داستانوں میں سے ایک اہم داستان ہے۔ ''امراؤ جان ادا'' مرزا ہادی رسوا کا لکھا ہوا ناول ہے جو اُردو ادب کا سب سے اہم ناول کہلاتا ہے۔ تکنیک کے اعتبار سے۔۔۔۔ اور یہ ناول 1899ء میں لکھا گیا ہے۔

فسانہ عجائب اور امراؤ جان ادا دونوں کے سنہ تصنیف میں 75 برس کا وقفہ ہے۔ دونوں میں لکھنوی تہذیب کی عکاسی ملتی ہے۔ دونوں فن پاروں کے تخلیق کار لکھنو کے رہنے والے تھے۔ دونوں کی کہانی میں عورت ہی اہم کردار ہے۔ فسانہ عجائب داستان ہونے کے باوجود ناول کے فن سے بہت قریب ہے۔ اس میں مربوط پلاٹ بھی ہے اور کردار بھی۔

''فسانہ عجائب'' یہ داستان اس وقت لکھی گئی تھی جب جاگیر دار نظام اور تہذیب کا دور عروج تھا اور سلطنت کی وسعت انتظام و استحکام، معاشی خوشحالی، تجربے، دریافت شدہ علم اور تصورات کے امتزاج سے تخیل کی بلندی اور تہذیبی اور معاشرتی زندگی کے نقشے میں نئے نئے تجربات ابھرنے لگے ہیں۔ اس عہد کی حقیقت کو قصے کی شکل دے کر قصہ در قصہ کی تکنیک پر داستان لکھی گئیں۔

ناول امراؤ جان ادا اس وقت لکھا گیا جب لکھنوی معاشرہ تہذیب و شائستگی کے اعتبار سے بحران کی آخری منزل کو پہنچ چکا تھا۔

فسانہ عجائب کے متعلق رشید حسن خان کہتے ہیں ''یہ کتاب محض ایک داستان نہیں، صرف

زبان کا نگارخانہ نہیں، یہ دراصل ایک اسلوب کا دوسرا نام ہے.........۔حقیقت ہے کہ لکھنو کا وہ معاشرہ اسی انداز کا پرستار اور ایسی اسلوب کا دلداہ تھا۔''

سرؔور معمولی بات کو پیچیدہ بنا کر پیش کرنے کا ہنر بخوبی جانتے ہیں۔بہتر داستان بھی اسی وقت تخلیق کی جاسکتی ہے جب تخلیق کار کی نظر زندگی پر گہری ہو۔اس لحاظ سے داستان فسانہ عجائب اُردو ادب کی اہم داستان ہے۔

فسانہ عجائب کی ایک خوبی یہ ہے کہ اس میں جو قصہ پیش کیا گیا ہے وہ تو خیالی دنیا کا ہے، لیکن اس میں جو کردار ہیں انہیں جس سماج کے آئینے میں دکھایا گیا ہے وہ بالکل صحیح ہیں۔جس ماحول میں انہوں نے آنکھ کھولی تھی اور پرورش پائی تھی اس کی جیتی جاگتی تصویریں پیش کی ہیں اور یہ تصویر لکھنو کے اس عہد کی ہے جہاں سرؔور نے سانس لی تھی۔

فسانہ عجائب کی حیثیت صرف ادبی نہیں تاریخی بھی ہے۔دہلی اور لکھنو کی دبستانی بحث کے فروغ میں اس کا حصہ زیادہ ہے۔سرؔور نے یہ داستان لکھنو کے اس خاص معاشرے کو ذہن میں رکھتے ہوئے لکھا تھا۔اس وقت لکھنو میں داستانوں کی اہمیت زیادہ تھی اور مرصع سازی کو لوگ کمالِ فن سمجھتے تھے۔سرؔور جس طرح کی نثر لکھتے ہیں بعض اوقات اسے سمجھنا مشکل لگتا ہے۔غرض کہ تاریخی اعتبار سے سرؔور لکھنو کے اس عہد کی ادبی زندگی کے اہم ستون تھے۔

گیان چند جین کے مطابق اُردو داستانوں سے لکھنو اور دلی کی شاہی تہذیب کی پوری تاریخ مرتب کی جاسکتی ہے۔

سرؔور کی معاشرت نگاری کتاب کے دیباچے سے معلوم ہوتی ہے۔وہ لکھنو سے کتنی محبت کرتے تھے اس کا اندازہ داستان کو پڑھنے سے ہو جاتا ہے۔یہ لکھنو کی تہذیب سے بہت متاثر تھے۔جس وقت انہوں نے یہ داستان لکھی اس وقت وہ کانپور میں رہ کر لکھنو کی تہذیب کی ترجمانی کر رہے تھے۔

سرؔور نے فسانہ عجائب میں لکھنو کی تہذیب کی ہر موقعہ پر عکاسی کی ہے۔پھر چاہے وہاں

کے عقائد ہو یا رسم ورواج، جشن وجلوس ہو یا شادی کی تقریب۔ شادی کی تقریب کی شروعات کیسے ہوتی ہے اس کی ایک مثال دیکھیے:

''محل میں برمحل رت جگے، صحنک جابجا کونڈے، حاضری، دونے، پڑیاں منتوں کی، جس جس نے مانی تھیں، کرنے، بھرنے، دینے لگیں اور ڈومنیاں تڑاق پڑاق، پروش، خوش گلو باانداز مع سامان وساز حاضر ہوئیں، مبارک سلامت کہہ کر شادی مبارک گانے، چھچے مچانے، نئی مبارک باد سنانے لگیں۔''

(اُردو داستان تخلیق وتنقید، از سرورالہدی فریدی، ص۔129)

رسومات کا ذکر جہاں بھی کرتے ہیں سرورؔ لکھنو کی تہذیب کا آئینہ نظر آتا ہے۔ جیسے جان الم اور انجمن آرا کی شادی میں دکھایا گیا ہے۔

''القصہ بموجب احکام اختر شناسان بلند بین فلک سیر .... مانجھے کا جوڑا دولہن کے گھر سے چلا، مزدور سے تا فیل نشین زن و مرد لباس رنگین، پکھراج کی کشتیوں میں زعفرانی جوڑے،........ وہاں دولہا نے، یہاں دولہن نے مانجھے کے جوڑے پہنے۔ منادی نے ندا کی ''جو سفید پوش نظر آئے گا اپنے خون سے سرخ ہوگا یعنی گردن مارا جائے گا.......... رنگ کھیلنے لگے تمام خلقت ہولی کی کیفیت بھولی۔''

(داستان سے ناول تک، از ابن کنول، ص۔136)

فسانہ عجائب لکھتے وقت سرورؔ کا سارا زور اس عہد کے شرفا پر تھا جو لکھنو میں رہتے تھے۔ سرورؔ جب داستان میں شہر کا ذکر کرتے ہیں تو سارا ماحول ہماری آنکھوں کے سامنے آجاتا ہے، دیکھیے:

''شہر دیکھا، قطعہ دار، ہموار، قرینے سے بازار، کرسی ہر دکان کی کمر برابر، مکان ایک سے بہتر و برتر، بیچ میں نہر، جابجا فوارے سب عمارات شہر پناہ کے میل کی، جواہر نگار سانچے کے ڈھلے ہاتھ

کا کام معلوم نہ ہوتا تھا، نہ کہیں بلندی نہ پستی، ہموار بسی ہوئی بستی، ایک کا جواب دوسری طرف۔ ادھر بزاز تو ادھر بھی صرّاف کے مقابل صرّاف، بازار کا صحن، نفیس شفاف۔

(فسانہ عجائب، ترتیب اطہر پرویز، ص۔59)

سرؔور کا مشاہدہ وسیع تھا۔ لکھنو کی صورتحال ان کی آنکھوں نے جو دیکھی تھی وہ فسانہ عجائب میں تفصیل سے بیان کیا۔ انہوں نے اودھ کی مشترکہ گنگا جمنی تہذیب کی تاریخ مرتب کردی ہے۔ جیسا کہ ابن کنول بھی کہتے ہیں فسانہ عجائب میں ابتداء سے آخر تک لکھنوی تہذیب کی جھلکیاں نظر آتی ہیں۔ شاہی درباروں اور حرم سراؤں کی شان وشوکت اور ناز ونعم سے لے کر رسم ورواج تک سب کچھ اس قصے میں سما گیا ہے۔ (داستان سے ناول تک، ص۔135)

''امراؤ جان ادا'' اُردو ادب کی ایک ایسی عمدہ تخلیق ہے، جس کی دوسری مثال نہیں ملتی۔ رسوؔا نے اس میں اپنی فنکاری کے ذریعے ایک تہذیب ومعاشرت کا نقشہ بیان کیا ہے۔ یہ کہانی لکھنو کی ایک طوائف کی ہے جس کو رسوؔا نے خود اسی کی زبانی بیان کی ہے۔ اس میں نہ صرف ایک طوائف کا ذکر ہے بلکہ اس کی سوانح حیات بھی ہے۔

یہ لکھنو کی ایک طوائف کی کہانی ہے جو انسانی سیرت وکردار کے بعض ایسے پہلو پیش کرتی ہے جس پر کم لوگ قلم اٹھاتے ہیں۔ عورت جو بیٹی، بہن، بیوی اور ماں کا کردار ادا کرتی ہے اس کے طوائف بن جانے سے کیا اس کی فطرت بدل سکتی ہے؟

امراؤ جان ادا کا مرکزی کردار ہے، جس کے وسیلے سے ناول میں دوسرے کردار بھی سامنے آتے ہیں۔ اور ان تمام کرداروں کے ذریعہ جو تہذیب اور معاشرہ رسوؔا نے پیش کیا ہے وہ لکھنوی تہذیب ومعاشرہ ہے اور یہ تہذیب ومعاشرہ ہماری تاریخ کا ایک ورق تھا جو اب بدل گیا ہے۔

رسوؔا نے وہاں کی بیگم کا عکس اس طرح بیان کیا ہے جس سے ان کا مزاج اور ان کی زبان، رہن سہن کا اندازہ ہوتا ہے۔ لکھنو کی بیگمات اسی طرح رہتی تھیں جیسے رسوؔا نے اپنی آنکھوں سے

دیکھا تھا، اسی کو بیان کیا ہے:

''بیگم صاحبہ بہت ہی خوش مزاج معلوم ہوتی ہیں۔ بات کرتی ہیں گویا منہ سے پھول جھڑتے ہیں۔ ہر بات پر خوبخود ہنسے دیتی ہیں مگر کسی کو مجال کلام نہیں۔ واقعی سادگی میں تکلف اور تمکنت کے ساتھ شوخی انہیں میں دیکھی۔ لباس اور زیور بھی اسی صورت کے لائق تھا۔ مہین بسنتی دو پٹہ کندھوں سے ڈھلکا ہوا، کیچلی کا سوکہ پھنسا پھنسا۔ سرخ گرنٹ کا پا جامہ، کانوں میں صرف یاقوت کے آویزے، ناک میں ہیرے کی کیل، گلے میں سونے کا سادہ طوق ہاتھ میں سونے کی سمرنیں، بازوں پر نورتن، پاؤں میں سونے کی بیڑیاں۔''

(انتخاب مرزا ہادی رسوؔا، مرتبہ محمد حسن، ص۔ 22,23)

رسوؔا نے اس وقت بیگمات جس طرح رہتی ہیں اس کی ایک تصویر دکھا دی ہے۔ جب وہ ان کوٹھیوں کا عکس دکھاتے ہیں:

''اب ہم کوٹھی کے پاس پہنچ گئے۔ بہت وسیع کوٹھی تھی اور اس طریقے سے سجی ہوئی تھی کہ شاہی کوٹھیوں کو دیکھنے کے بعد اگر کوئی کوٹھی دیکھی تو یہی دیکھی۔ پہلے برآمدہ ملا اس کے بعد کئی کمروں سے ہو کے گذرے۔ ہر ایک نئے طرز سے سجا ہوا تھا ہر کمرے کا فرش فروش اور شیشہ آلات ایک نئے رنگ اور نئے طرز کا تھا۔''

(انتخاب مرزا ہادی رسوؔا، مرتبہ محمد حسن، ص۔ 26)

یہ اس وقت لکھنو کے مکانات یعنی نوابوں کی کوٹھیوں کی ایک تصویر ہے۔

رسوؔا امراؤ جان میں دستر خوان کا ذکر کرتے ہیں تو لکھنو کے کھانوں کا بیان ایسے کرتے ہیں:

''دستر خوان پر کئی قسم کے کھانے پلاؤ، بورانی، مزعفر، متنجن، سفیدہ، کیسر

برنج، باقر خانیاں، کئی طرح کے سالن، کباب، اچار، مربے، مٹھائیاں، دہی، بالائی غرض کے ہر قسم کی نعمت موجود تھی۔''

(انتخاب مرزا ہادی رسؔوا، مرتبہ محمد حسن، ص۔ 26,27)

لکھنوی تہذیب کا ایک اہم حصہ پان اور حقہ بھی ہے۔ اس کے بارے میں رسؔوا نے کئی جگہ اپنے ناول میں تذکرہ کیا ہے

رسؔوا نے یہ ناول لکھ کر لکھنو کے ایک رخ سے پردہ اٹھایا ہے۔ لکھنو کی یہی عیش پرستی بعد میں اس کے زوال کا سبب بنی۔ غدر سے قبل تہذیب، دولت اور علم وفن کے رہنما تھے، لیکن ان کی ہوس پرستی نے ایسے کرداروں کو جنم دیا جن کے وجود سے انسانیت کا مذاق اڑتا ہے۔ یہ ایک ایسے معاشرے کا وجود ہے جو طوائف کے بغیر زندہ نہیں رہ سکتا تھا۔

1857ء کے انقلاب نے اس وقت کے نوابین اور جاگیرداروں کو سماجی برائیوں میں ڈھکیل دیا تھا کئی اخلاق سوز مشاغل ان کی زندگی کا حصہ بن چکے تھے۔

اس زمانے میں موجودہ دور کی طرح تفریح کے اتنے ذرائع موجود نہیں تھے۔ اس لیے طوائف ایک تفریح کا ذریعہ بن چکی تھی۔ نوابین اور جاگیرداروں کی اولادیں آدابِ نشست و برخاست سیکھنے طوائفوں کے پاس جاتے تھے۔ ان کی کوئی عزت تو نہ تھی لیکن ان کی اہمیت سے بھی انکار نہیں کیا جاسکتا تھا۔ تقاریب میں ان کی موجودگی کو اعلیٰ مقام ملتا۔ طوائفوں کے گھر بھی نوابوں کے گھر سے الگ نہیں ہوتے تھے ان کے پاس بھی وہ سارے آرام وآسائش موجود ہوتے تھے۔ رسؔوا نے امراؤ جان ادا میں اس دور کی لکھنوی تہذیب و معاشرت کا آئینہ دکھایا ہے۔ ان کی یہ تفصیلات بتاتی ہیں کہ اس وقت لکھنو کسی انحطاط کے دور سے گذر رہا تھا اور طوائف کی گفتگو کا انداز اس کی زبان وادب کی چاشنی بھی نظر آتی ہیں۔

ابواللیث صدیقی لکھتے ہیں:

''امراؤ جان ادا کو ہم نے ایک تہذیب اور تمدن کا ترجمان بنایا ہے۔

یہ لکھنو کی تہذیب ہے جسے شرر نے مشرقی تمدن کا آخری نمونہ کہا ہے......... لکھنو کے اس شاعرانہ مزاج کی مثالیں امراؤ جان ادا میں جا بجا ملتی ہیں۔ خود امراؤ جان ادا شاعرہ ہے.........۔

(امراؤ جان ادا، تنقید و تبصرہ، از ابواللیث صدیقی، ص۔ 10)

اسی طرح فسانہ عجائب کی تہذیب پر عظیم الشان صدیقی لکھتے ہیں:

''فسانہ عجائب میں لکھنو کا حال اور اودھ کی تہذیب و معاشرت کے ایسے پر تکلف اور جیتے جاگتے مرقع موجود ہیں جو انیسویں صدی کے اواخر تک اہل اودھ کی کمزوری بنے ہوئے تھے۔''

(رسالہ جامعہ، جولائی ستمبر، 2011)

ادب زندگی ہی کا نہیں تہذیب کا بھی ترجمان ہوتا ہے۔ ہر فن پارہ اپنے دور کی تہذیب کی نمائندگی کرتا ہے۔ پنڈت بشن نرائن در لکھتے ہیں:

''سرور آدمیوں کا حال نہیں لکھتے، صرف چیزوں کا مرقع کھینچتے ہیں، حلوائی کی دکان کے پاس سے ہم گذرتے ہیں اور ہمارے منہ میں پانی بھر آتا ہے۔ تنبولیوں کے ہاں کی گلوکاریاں دیکھ کر ہمارا جی للچاتا ہے۔ جوہری، بنیئے، بقال، کبڑے سب چوکھا مال لئے بیٹھے ہیں۔ چوک اور دوسرے بازار اور سیر گاہیں جواب باقی نہیں ہم اس کتاب میں دیکھتے ہیں اور ان کی خوب سیر کرتے ہیں۔''

(فسانہ عجائب، ترتیب اطہر پرویز، ص۔ 40)

سرورؔ نے جب بھی داستان میں کسی شہر کا ذکر کیا ہے، انہیں لکھنو یاد آ گیا ہے۔

اس کے علاوہ اس وقت سب سے اہم وہاں کے بادشاہ ہوا کرتے تھے اور انہیں کے چیزوں میں دلچسپی تھی اور کسی میں

نہیں تھی۔ یہ سرورؔ نے دیکھایا ہے اور فسانہ عجائب کی سب
سے خاص اور اہم بات یہ ہے کہ اس میں فعال کردار عورتیں
ہیں جو اس تہذیب کا اہم (رسالہ جامعہ، جولائی
ستمبر، 2011)

سرورؔ کی یہ داستان ناول سے قریب تر ہے۔ اس میں ایک مربوط پلاٹ بھی ہے اور کردار نگاری کے نمونے بھی ہیں۔

جس وقت داستان لکھی گئی تھی اس وقت سماج کچھ حد تک مربوط تھا۔ آدمی اور آدمی کے درمیان ایک رشتہ تھا، لیکن اس کے کئی سال بعد جب ناول کا زمانہ آیا اس وقت رشتے بکھر جا رہے تھے۔ یہ تبدیلی ہم اس وقت کے فن پاروں میں دیکھ سکتے ہیں۔

لکھنو کے بارے میں ایک بات کہی جاتی ہے کہ یہاں تہذیب و معاشرت اپنے قوانین پر برسوں قائم رہی۔ جو ان سے انحراف کرتا اسے خلافِ تہذیب سمجھا جانے لگا تھا۔ ان کے یہ تہذیبی اصول زندگی کے ہر شعبے میں تھے۔ چلنے، پھرنے، اٹھنے، بیٹھنے، ملنے جلنے، لکھنے، پڑھنے، کھانے پینے اور سونے جاگنے کے آداب، مکمل زندگی ان اصولوں کی گرفت میں تھی۔ ان معاشرتی و تہذیبی اصولوں سے ادب کیسے آزاد ہوسکتا تھا، چناں چہ اس کا اثر ادب پر بھی پڑا۔

دونوں فن پارے فسانہ عجائب ہو یا امراؤ جان ادا لکھنو کی تہذیب کے نمائندہ ہیں۔ نوابوں اور جاگیرداروں کا رہن سہن ہو یا ان کی عمارات کا ذکر ہو، سب میں لکھنوی تہذیب کی عکاسی ملتی ہے۔ جب دسترخوان کا ذکر ہوتا ہے تو لکھنو کا دسترخوان ہماری آنکھوں کے سامنے آجاتا ہے۔ اسی طرح زیورات، پوشاک، اخلاق ہر چیز لکھنو کی تہذیب کی ترجمان ہے

اردو ادب کے موجودہ دور کی تخلیقات میں تہذیبی اقدار کم ہی دیکھنے کو ملتی ہیں اور جو تہذیب تھوڑی بہت ملتی ہیں اس پر مغربی تہذیب کا اثر زیادہ ہے اب یہاں تخلیق کاروں کو اس بات کی فکر ہونی چاہیے کہ ہماری روایتی اچھی تہذیب کو کیسے اپنے ادبی فن پاروں کے ذریعے محفوظ

کیا جاسکتا ہے۔

ڈاکٹر آمنہ آفرین (یونیورسٹی آف حیدر آباد)

اکبرؔ الہ آبادی کی شاعری میں اخلاقی اقدار

اکبر الہ آبادی ایک بے مثل شاعر ناصح قوم بلند پایہ صوفی ، ادب سوسائیٹی اور حکومت کے زبردست نقاد تھے۔آپ نے اس دور میں شاعری شروع کی جب ہر طرف مغربی علوم وتہذیب کا دبدبہ تھا۔ ہندوستان کے اخلاقی ، مذہبی و روحانی سرمایے کو لوگ جہالت' و پسماندگی کی علامت سمجھنے لگے تھے۔اور خدشہ تھا کہ پورے مشرقی روایات واقدار اس سیلاب میں کہیں بہہ نہ جائیں۔ان حالات میں اکبرؔ نے مشرقی قدروں کی حفاظت کا بیڑا اُٹھایا۔ جو انسانی تہذیب کی بقائے کے لئے ضروری تھا کیونکہ اُن کے دل میں ملک اور قوم کی سچّی محبت اور تڑپ تھی اور چاہتے تھے کہ لوگ مغربی تہذیب کے غلام بن کر اپنی قومی روایت اور اُصولِ معاشرہ کو نہ بھول جائیں، مغرب ومشرق کے درمیان جو تہذیبی تصادم اسوقت چل رہا تھا اس میں وہ مشرق کے حمایتی تھے۔مغربی علوم کے بارے میں ان کا خیال تھا کہ اُن کے حصول سے نوجوان اپنے مذہب اور تہذیبی اقدار سے دور ہو جائیں گے۔ چنانچہ اکبرؔ اپنے مخصوص طنز ومزاحیہ رنگ میں اُن معاشرتی خرابیوں کی نشاندہی کی ہے جو مغربی نظامِ تعلیم اور مغربی تہذیب کو جوں کا توں قبول کرنے کے نتیجے میں پیدا ہورہی تھیں۔

ہوئے اس قدر مہذب کبھی گھر کا منہ نہ دیکھا
کٹی عمر ہوٹلوں میں مرے اسپتال جا کر

پہنچے ہوٹل میں تو پھر عید کی پروا نہ رہی
کیک کو چکھ کے سوئیوں کا مزا بھول گئے

بُھولے ماں باپ کو اغیار کے چرچوں میں وہاں
سایہ کفر پڑا نورِ خدا بھول گئے

اسطرح اکبر نے مغرب کے نقالوں پر سنجیدہ و مزاحیہ انداز میں بہت کچھ کہا ہے ساتھ ہی مشرق کی انسان دوستی کی تعلیمات کو بھی پیش کیا جن میں اخلاقی و تہذیب کی لازوال قدروں کی تلقین کی گئی ہے۔

اونچا نیت کا اپنی زینہ رکھنا
احباب سے صاف اپنا سینہ رکھنا
غصہ آنا تو نیچرل ہے اکبر
لیکن ہے شدید عیب کینہ رکھنا

اکبر کا خیال تھا کہ مغرب کی اندھی تقلید اہل مشرق کو اپنے اصل واساس سے دور کردے گی۔

نقل مغرب کی ترنگ آئی تمہارے دل میں
اور یہ نکتہ کہ مری اصل ہے کیا بھول گئے

اکبر کے دور میں قدیم جاگیردارانہ تمدن کی جگہ سرمایہ دارانہ تہذیب فروغ پارہی تھی جو انسان کو خودغرضی اور مطلب پرست بنادیتی ہے۔اور انسان کے اخلاق کو تباہ کردیتی ہے۔انھیں

مشینوں کا غلام بنا دیتی ہے۔ اسی لئے اقبالؔ نے کہا تھا کہ

ہے دل کے لئے موت مشینوں کی حکومت
احساس مروت کو کچل دیتے ہیں آلات

اکبرؔ طنز کرتے ہیں
عشرتی گھر کی محبت کا مزا بھول گئے
کھا کے لندن کی ہوا عہد وفا بھول گئے

اکبرؔ مغرب کی سائنسی ایجادات سے مرعوب نہیں ہیں۔ وہ مادّہ پر روح کو فضیلت دیتے ہیں۔ مشرق کے عقائد و یقینیات کو سائنس کے ترازو میں تولنے کے قائل نہیں۔

ہم نشیں کہتا ہے کچھ پرواہ نہیں مذہب گیا
میں کہتا ہوں بھائی یہ گیا تو سب گیا

اپنے زمانے کے نسل نو کی غلامانہ ذہنیت، سامراجی چالوں، تعلیم کے عقائد شکن اثرات، محبت و اخلاق کے انحطاط جیسے موضوعات پر اکبرؔ اپنے مخصوص رنگ میں جو چوٹ کرتے ہیں۔

نظر اُن کی رہی کالج کے بس علمی فوائد پر
گرا کیں چپکے چپکے بجلیاں دینی عقائد پر

مغرب کی اندھی تقلید نقالی اور جوش تقلید میں نئی نسل کی اپنے ماضی سے بیگانگی کی نہایت باریک بینی سے تشخیص کی۔

بُخل ہے اہل وطن سے جو وفا میں تم کو
کیا بزروگوں کی وہ سب جودو عطا بھول گئے

غرض اکبر جدید تعلیم کو فوائد کے منکر نہیں تھے۔ اور انہ ہی اُس کے حصول کے خلاف تھے وہ صرف یہ چاہتے تھے کہ نوجوان مغربی علوم ضرور حاصل کریں لیکن اپنی شخصیت اور شناخت کو مغرب کی تقلید میں گم نہ کریں اپنے دین اور اپنی تہذیب سے بے خبر نہ رہیں، بلکہ ان سے اپنی وابستگی کو مضبوط کریں۔

حاصل کرو علم طبع کو تیز کرو باتیں
جو بُری ہیں ان سے پرہیز کرو
نیکوں سے ہی قومی عزت اے اکبر
یہ کیا ہے کہ ہر بات میں نقل انگریز کرو

غرض اکبر کی شاعری ہمارے اعلیٰ اقدار کی بہترین ترجمان ہے۔ وہ ان تمام محاسن وا خلاق کی تلقین کرتے ہیں جن کے ذریعہ ایک انسان دوسرے انسان کا غم خوار و ہمدرد ہو جاتا ہے۔

اوروں پہ معترض تھے لیکن جو آنکھ کھولی
اپنے ہی دل میں ہم نے گنج عیوب دیکھا

وہ اس اُصول کے قائل ہیں کہ کسی کو ایذا نہیں پہونچانی چاہیئے۔

دل کو پہونچائے جو ایذا وہ نہیں ہے اہل دل
ظلم کا باعث جو ہو وہ درد آشنا کیونکر ہوا

انسان کے دل کو توڑنا آپ کے نزدیک سب سے بڑا گناہ ہے۔صوفیا کی طرح دل کے آئینے کو کدورت کے داغوں سے پاک بنانے کا مشہورہ دیتے ہیں۔دل کی صفائی پاکیزگی اور فضیلت پر آپ کے بے شمار اشعار ملتے ہیں۔

وہ عمل کیا جو دلیری کو گھٹائے اے دوست
قوتِ دل جو بڑھاتی ہے وہ بات اچھی ہے

بار خاطر ہو تو واعظ کا بھی ارشاد بُرا ہے
دل کو بھا جائے تو اکبر کی خرافات اچھی

اکبر ظاہر سے زیادہ باطن پر اور صورت سے زیادہ سیرت پر زور دیتے ہیں۔

جلوہ نہ ہو معانی کا تو صورت کا اثر کیا
بلبل گلِ تصویر کا شیدا نہیں ہوتا

ہر طرح کی ریاکاری اور منافقت کے آپ مخالف ہیں، خواہ وہ معاشرے کے کسی طبقہ میں ملتی ہو، لیڈر ہو کہ مولوی دونوں کی خبر لیتے ہیں۔

قوم کے غم ڈنر کھاتے ہیں حکام کے ساتھ
رنج لیڈر کو بہت ہے مگر آرام کے ساتھ

دیر میں محو بُت بھی ہے واعظ قبلہ رو بھی ہے
شیخ ہمارا خوب ہے پیر بھی ہے گرو بھی ہے

انسان عیش و آرام کی زندگی کے لئے دولت کے پیچھے بھاگتا ہے۔ حصول دولت کے طریقے اسے پریشانیوں میں مبتلا کر دیتے ہیں۔ اس لئے اکبر کہتے ہیں کہ انسان کے دل کو سکون صرف دو ہی چیزوں سے ملتا ہے۔ آخرت کی فکر اور اللہ کی یاد۔

دنیا کرتی ہے آدمی کو برباد
افکار سے رہتی ہے طبیعت ناشاد
دو ہی چیزیں ہیں بس محافظ دل کی
عقبیٰ کا تصور اور اللہ کی یاد

غرض اکبر کے کلام میں ایسے بے شمار اشعار ملتے ہیں جو ہمارے نوجوانوں کے لئے مشکل راہ میں ہدایت کا کام دیتے ہیں۔

ڈاکٹر مسرور سلطانہ

(ایس آر آر گورنمنٹ ڈگری کالج کریم نگر)

عورتوں پر مظالم کے تدارک کے لئے اردو ادب کی مساعی

دنیا کے چاروں طرف عورتوں پر مظالم کے پس منظر کو دیکھا جائے تو اسلام سے پہلے دنیا کی مختلف تہذیبوں اور مختلف معاشروں میں عورت کو کیا مقام حاصل تھا؟ تاریخ عالم کا مطالعہ کیا جائے تو یہ بات روزِ اوّل سے روشن کی طرح عیاں ہوتی ہے کہ اسلام سے پہلے دنیا کی مختلف تہذیبوں اور مختلف ممالک میں عورت اپنے حقوق سے بالکل محروم تھی۔ فرانس میں عورت کے بارے میں یہ تصور تھا کہ یہ آدھا انسان ہے۔ اس لئے وہ معاشرے کی تمام خرابیوں کا نتیجہ بنتی ہے۔ چین میں عورت کے بارے میں یہ تصور تھا کہ اس میں شیطانی روح ہوتی ہے لہذا یہ برائیوں کی طرف انسان کو دعوت دیتی ہے۔ جاپان میں عورت کے بارے میں یہ تصور تھا کہ یہ ناپاک پیدا کی گئی ہے۔ اس لئے عبادت گاہوں سے اس کو دور رکھا جاتا تھا۔ ہندوازم میں جس عورت کا خاوند مرجاتا اس کو معاشرے میں زندہ رہنے کے قابل نہیں سمجھا جاتا تھا۔ اس لئے ضروری تھا کہ وہ اپنے خاوند کی نعش کے ساتھ ستی کے نام پر زندہ جلائی جاتی۔ اگر وہ ایسا نہیں کرتی تو معاشرے میں اس کو عزت کی نگاہ سے نہیں دیکھا جاتا تھا۔ عیسائی دنیا مین عورت کو معرفت الٰہی کے راستے میں روکاوٹ سمجھتے تھے۔ عورتوں کو تعلیم دی جاتی تھی تا کہ وہ کنواری نن رہ کر زندگی گذاریں۔ جبکہ مرد راہب بن کر رہنا اعزاز سمجھتے تھے۔ جزیرہ اعراب میں بیٹی کا پیدا ہونے کو بُرا

سمجھا جاتا تھا۔ لہٰذا ماں باپ خود اپنے ہاتھوں سے بیٹی کو زندہ دفن کر دیا کرتے تھے۔ اگر کسی عورت کا خاوند فوت ہو جاتا تو اس کو باہر کال کوٹھری میں دو سال کیلئے رکھا جاتا تھا۔ ضروریات زندگی کی بھی چیزیں مہیا نہیں کروائی جاتی تھی۔

اب سوچئے تو سہی کہ خاوند مرا تو اپنی قضاء سے بھلا اس میں عورت کا کیا قصور؟ مگر یہ مظلومہ اتنی بے بس تھی کہ اپنے حق میں کوئی آواز ہی اُٹھا سکتی تھی۔ ایسے ماحول میں جبکہ ہر طرف عورت کے حقوق کو مال کیا جا رہا تھا۔ اللہ تعالیٰ نے اپنے پیارے نبی ﷺ کو اسلام کی نعمت دے کر بھیجا آپ ؐ دنیا میں تشریف لائے آپ ؐ نے عورت کے مقام کو نکھارا۔ قرآن پاک کے مطالعہ سے تحریک اسلامی کی تاریخ کے مطابق یہ پتہ چلتا ہے کہ اللہ تعالیٰ نے نبی ﷺ کی سیرت پاک کو حضرت خدیجہؓ اور دوسری ازدواج مطہراتؓ کے کردار سے الگ کر دیں تو مکمل اسلام کا نقشہ ہم نے پایا وہ مکمل نہیں ہوتا۔ اگر عائشہؓ آپ ؐ رفیقِ حیات نہ بنادی جاتیں تو امت کو اسلام آدھا ہی نصیب ہوتا عورتوں سے متعلق کھلے اور چھپتے بھیدوں پر شریعت کے حدود اور مسائل اس وضاحت کے ساتھ امت کو ہرگز نہ مل سکتے تھے جو حضرت عائشہؓ کی ذہانت کے بدولت حاصل ہوئے۔ جب اللہ تعالیٰ نے عورت کے بغیر اسلامی تحریک کو کسی دور میں نہیں چلایا۔ تو کیا آج ہم عورت کے بغیر اسلامی تحریک تو بڑی بات ہے۔ اپنی گھریلو زندگی کو آگے بڑھا سکتے ہیں۔ نہیں لیکن افسوس کے ساتھ کہنا پڑ رہا ہے کہ ہم نے قرآن پاک کے وہ سارے اسباق بھلا دیئے۔ جن سے ہماری کامیاب زندگی کا راز پوشیدہ ہے۔

عورت کی الگ الگ حیثیتوں کے بارے میں اسلام میں کیا حکم ملتے ہیں اور ان حکموں سے اس کو کیا مقام بنتا ہے۔ اور اسے کیا کیا حقوق حاصل ہیں۔ قرآن و حدیث سے جو اصول ہمیں ملتے ہیں۔ اگر ہم انھیں بھلا دیں تو ہمارا سماج اخلاقی حیثیت سے کھوکھلا ہو جائے گا۔ ہمارا ہی نہیں بلکہ دوسرے لوگ بھی اندھیاریوں میں اخلاقی گراوٹ کو عروج حاصل ہوگا۔ اور سچی بات تو یہ ہیکہ ان اصولوں کے نہ ماننے کی وجہ سے اخلاقی گراوٹ بڑھتی چلتی

جارہی ہے۔ سدھرنے کی کوئی صورت نظر نہیں آتی جو شخص اپنی ماں کیلئے اچھا نہیں وہ کسی دوسرے کیلئے اچھا کیسے ہوسکتا ہے۔ جو شخص اپنی بیوی کے تقدس کو برقرار نہیں رکھ سکتا وہ دوسرے عورتوں کی عزت کیسے کرسکتا ہے جو آدمی اپنی بیٹی اور بہن کو کھل کر کھیلنے کی اجازت دے سکتا ہے۔ وہ دوسروں کی بیٹویوں اور بہنوں سے خود کھل کر کھیلتا ہے۔ اسلام کہتا ہے عورت چاہئے ماں ہو بیٹی ہو یا بہن بک نہیں سکتی اور نہ وہ خریدی جاسکتی ہے۔ آسمان کے نیچے اور زمین کے اوپر کوئی ایسی قیمتی شیئے نہیں ہے جو عورت کی عصمت وعفت اور شرم وحیا کا بدل ہوسکے۔ اس چیز کو مقدس رکھنے کیلئے اسلام نے جو قانون دیئے ہیں ان پر عمل کرنے والوں کو اس نعمت کی خوشخبری دی گئی ہے۔ جس کا نام جنت ہے وہ جنت جو اللہ کی رضا کا گھر ہے۔

سورہ اعراف کی یہ آیت بتاتی ہے کہ۔ شیطان کی پہلی چال خضرت آدمؑ وحواؑ کے بارے میں ذرا دیر ہی کامیاب رہی لیکن آج شیطان کامیاب نظر آتا ہے۔ آدمؑ وحواؑ کی اولاد کو اس نے اچھی طرح ننگا کرتے رکھ دیا۔ آج آدمؑ وحواؑ کی اولاد میں سے بہت سے لوگ شیطان کے مشن کا ساتھ دے رہے ہیں۔ انھوں نے ایسے تہذیب کا نام دے دیا وہ اس میں ایسے اندھے ہورہے ہیں کہ اتنے بُرے نتیجے دیکھنے کے بعد بھی ان کی آنکھیں نہیں کھلتی۔

مغرب پرست عورت کی یہ ذہانت ہیکہ وہ مرد کو اپنے مقابلے میں بڑھا ہوا دیکھے تو بے چین ہوجائے یہ اجتماعی زندگی کیلئے سخت خطرناک ہے۔ اس نکتے کو نہ سمجھنے سے آج آزادی نسواں کے نام سے باقاعدہ ایک تحریک چل رہی اس تحریک نے عورتوں کو مرد کا دشمن بنادیا ہے۔ اس تحریک کو آگے بڑھنے کو موقع اس لئے بھی مل ہے کہ عورتوں کے مقابلے میں مردوں کو جو طاقت اور صلاحیت ملی ہے وہ اس کا غلط استعمال کرتے ہیں اور عورت کو ناجائز طور پر دبا کر رکھنے کی کوشش کرتے ہیں جیسے عورت جہیز جیسی لعنت کا شکار ہے۔ وراثت میں حصہ نہ دینا۔ بیوی کو باندی سمجھنا۔ مشترکہ خاندان میں عورتوں کو مجبوراً اپنے ساس، سسر، دیور، وغیرہ کے کام کرنے پڑتے ہیں جوکہ اس کی ذمہ داری نہیں۔ عورت کی کمائی کو بُرا تصور کرنا اور اگر نہ بھی سمجھے تو اس کی مرضی کے بغیر

سسرال والوں پر خرچ کرنا۔عورتوں کو مجبور کرنا کہ وہ شوہر کے ماں باپ کے ساتھ ہی رہے وغیرہ۔

تدارک: سورۃ احزاب کی آیت 59 کا ترجمہ یوں ہیکہ "اے نبیؐ! اپنی بیویوں، بٹیوں اور مسلمان عورتوں سے کہدو کہ اپنے اوپر اپنی چادروں کے پلو لٹکا لیا کریں یہ زیادہ مناسب طریقہ ہے تاکہ وہ پہچان لی نہ جائیں۔اور نہ ستائی جائیں۔اللہ تعالیٰ رحم اور معاف کرنے والا ہے۔"

قرآن کی اس سچائی کو آج بھی دیکھا جاسکتا ہے کہ اس بے حیائی کے زمانے میں غنڈوں اور بدنظروں کا نشانہ وہی عورتیں بنتی ہیں جو ننگے سر کھلے چہرے اور اپنے بدن کی زینت کے حصوں کو عیاں کرتی ہیں ایسی ہی عورتوں پر بھپتیاں کسی جاتی ہیں۔ایسی ہی عورتوں کو دیکھکر عاشقانہ اشعار پڑھے جاتے ہیں۔انھیں دیکھکر نوجوان آپس میں اشارے کرتے ہیں۔بدنظروں کی چھیڑ چھاڑ سے یہ عورتیں نہ تو بازاروں میں بچتی ہیں اور نہ ہی اسکول، کالجوں میں چاہے کتنی ہی پابندی میں کیوں نہ ہو۔

پھر یہ کہ آئے دن ایسی خبریں سنتے رہتے ہیں کہ فلاں عورت یا لڑکی غائب کردی گئی۔ کہیں ایسی چھڑ چھاڑ پر فساد کھڑا ہوا۔اور اگر اس کے ساتھ ہم اتنی بات اور کہیں کہ جو عورتیں بناؤ سنگھار کر کے باہر نکلتی ہیں تو ان کا خود بہ فشاء ہوتا ہے کہ لوگ انھیں دیکھیں اور پسند کریں اس پسند کرنے غرض کنواریوں میں بھی ہورہا ہے پھر یہی ہورہا ہے پھر وہ حادثے سامنے آرہے ہیں کہ لڑکی کسی لڑکے کے ساتھ بھاگ گئی وغیرہ وغیرہ۔جہاں عورتیں محفلوں کی رونق اور نگاہوں کی جنت نہیں بنے گی وہاں یہ فساد نہیں ہوتے۔کیونکہ

☆ ذاتی آئین کا خاکہ زندگی اور شخصیت، گھریلو زندگی، خاندانی زندگی پر فوقیت رکھتا ہے۔

☆ آپ کو اپنی شخصیت کی تعمیر وترقی کیلئے کسی قسم کا لائحہ عمل تیار کرنا ہے۔

☆ ہماری آج کی عورت اپنے اسلاف کے کردار اور طرز زندگی سے خوب آشنا ہو۔

شعر: کردار سے بنایئے معیار زندگی

ماحول سے حیات کا سودا نہ کیجئے

حدیث شریف میں ہے کہ "دنیا پورے طور پر سرمایہ زندگی ہے اور دنیا کا سب سے اچھا سرمایہ نیک سیرت عورت ہے "(مسلم)

☆ جب عورت معرفت کا علم حاصل کرتی ہے تو اتنی بلندیوں کو پا لیتی ہے کہ بڑے بڑے ولیوں کی تربیت کرتی ہے۔ اور انکو معرفیت کے نکات سمجھا دیتی ہے۔

نبیؐ نے عورتوں کے بارے میں وصیت فرمائی کہ جب آپؐ اس دنیا سے پردہ فرمانے لگے تو آخری الفاظ جو آپ کی زبان مبارک سے سنئے گے تب آپؐ نے فرمایا۔ اِتقوُ اللہ اے مردو عورتوں کے بارے میں اللہ سے ڈرتے رہو۔ لوگ عورتوں کو اپنے گھر کی باندیاں سمجھتے ہیں۔ حالانکہ یہ امانت ہوتی ہیں۔ اللہ نے نکاح کے زریعہ ان کو مردوں کی امانت میں دیدیا ہے۔ اسمیں خیانت نہ کریں۔ ان کے دین اور دنیا میں آگے بڑھنے میں تعاون کریں۔

☆ دنیا میں جتنے بھی فتنے عورت کے اوپر آتے ہیں وہ اس کے ظاہری حسن کی وجہ سے آتے ہیں

☆ دنیا میں انسان کو عزتیں ملتی ہیں وہ حسن و جمال سے نہیں ملتیں بلکہ وہ تو اخلاق کی وجہ سے ملتی ہیں۔

اردو ادب کی مساعی: اردو ادب کی بے لوث ومخلصانہ خدمات لڑکیوں، خواتین، اسکالروں کیلئے ایک رہنما کی حیثیت رکھتا ہے جو نہ صرف ذہنی ترقی کے مراحل بڑی خوش اسلوبی سے طے کر رہی ہیں بلکہ انھیں روزگار اور تحفظ کے زرائع بھی فراہم کرتا ہے۔

☆ حکومت کی جانب سے اکشرا کرن، سرواسکشا ابھیان کی تعلیم کے زریعہ خواتین میں شعوری صلاحیتوں کو بڑھانے میں معاون ثابت ہو رہا ہے۔

☆ فاصلاتی تعلیم کے زریعہ اخلاقی اقدار کو سنوارا جارہے

☆ اُردو میڈیا۔ رسالے اور صحافت جو عام زندگی کی اتھل پتھل سے واقفیت حاصل ہوتی ہے۔

☆ سماج اور معاشرے میں سائینس اور ٹیکنالوجی شخصیت کو نکھارنے کا مواقع

☆ موجودہ دور میں عورتوں کی تعلیم کیلئے کئی ایجوکیشن اسکیمس دن بہ دن ترقی کررہی ہیں۔

تبسم سلطانہ (ریسرچ اسکالر نظام آباد)

فآنی بدایونی کی رباعیوں میں انسانی اقدار

رباعی اردو شاعری کی ایک قدیم صنف ہے۔ اس امر میں اختلاف ہے کہ اس صنف میں سب سے پہلے کس نے طبع آزمائی کی ہے۔ جناب نورالحسن نقوی کے بقول 1700ء میں ایک دکنی شاعر میر عبدالقادر نے اردو کی پہلی رباعی کہی ہے۔ جبکہ بعض محققین قلی قطب شاہ کو اولیت کا درجہ دیتے ہیں۔ کیونکہ دیوان میں رباعیات پائی جاتی ہیں۔ اور یہ بات اظہر من الشّمس ہے کہ وہ اردو کے پہلے صاحب دیوان شاعر ہیں۔ ان دو نظریات کے سوا اور بھی آراء اس ذیل میں وارد ہیں۔

رباعی میں جہاں تک موضوع اور مضمون کی بات ہے اس کا محور ابتداء میں حسن وعش تھا لیکن بعد کے زمانہ میں اخلاق اور پند و نصائح اس میں شامل ہوگئے۔ چنانچہ اس صنف پر کئی شعراء نے بھی طبع آزمائی کی ہے جن میں میرؔ، دردؔ، سوداؔ، میر حسنؔ، مصحفیؔ، جرأتؔ، انشاؔ، مومنؔ، انیسؔ، دبیرؔ، غالبؔ، حالیؔ، علامہ اقبالؔ، اکبرؔ الہ آبادی، فانیؔ بدایونی اور امجدؔ حیدرآبادی وغیرہ قابل ذکر ہیں۔

اردو رباعی کو حسن وعشق کے کوچے سے نکال کر اخلاقی اقدار کے وسیع میدان میں لانے کا سہرا انیسؔ اور دبیرؔ کا سر جاتا ہے جنہوں نے اپنے فن مرثیہ نگاری کو بھی اس صنف میں برتا ہے۔ بعد کے زمانے میں مغرب کے اثر سے شاعری میں مقصدیت کا رجحان بڑھنے لگا تو

حالؔی واکبؔر نے رباعی کو اپنا پیغام کا ذریعہ بنایا۔حالؔی کی اخلاقی رباعیاں مقبول ہوئی جب کہ اکبر نے بھی اصلاح معاشرہ کی خاطر اپنے خاص لب ولہجہ میں اس صنف کو برتا ہے۔علاوہ ازیں علامہ اقبالؔ نے بھی اپنے فلسفیانہ افکار کو رباعی کے ذریعہ منتقل کیا ہے۔شہنشاہ رباعیات جناب امجدؔ حیدرآبادی نے رباعی کو مشرف بہ اسلام کردیا ہے۔

حضرت فانؔی بدایونی کی شاعری کا محور انسانیت کے اردگرد گھومتا ہے۔ان کے یہاں اس کی بڑی اہمیت ہے انسانیت اخلاقی اقدار کی سب سے پہلی منزل ہے جس آدمی میں انسانیت نہ ہو وہ بس ایک مٹی کا پتلا ہے جو اپنے تہذیبی وثقافتی امور سے دور ایک کٹے پتنگ کے مانند ہوا میں اڑرہا ہے جس کا انجام بہرصورت نقصان اور خسارہ ہی ہے۔

فانؔی کی شاعری میں انسانیت کے حوالے سے ''غم'' کا تصور اپنے تمام معنوی اعتبار کے ساتھ ملتا ہے فانؔی کے مطابق کلام میں شعریت اسی وقت پیدا ہوتی ہے جب اس میں ''غم'' کا خمیر ملا ہوا ہو خود فرماتے ہیں ''تازہ پھول کا حسن شعر کا ایک ادنی مقام ہے'' مگر مرجھائے ہوئے پھول کی گزری ہوئی رعنائی،مٹا ہوا رنگ حقیقی شعریت کا ارفع مقام ہے''۔(مقدمہ کلیات فانی)

شاعر کو تلمیذالرحمٰن اور شاعری کو جزویست از پیغمبری کہا جاتا ہے۔مراد یہ کہ کلام میں شاعر کی شخصی جھلک ضرور ہوتی ہے کیونکہ شاعر اپنے مافی الضمیر کو ادا کرتا ہے۔قاضی عبدالغفار صاحب فانؔی کی شخصیت کا تجزیہ یوں کرتے ہیں ''کہا کرتا تھا کہ شاعر اچھا ہے معلوم نہیں آدمی کیسا ہے۔جب ان کو دیکھا تو معلوم ہوا کہ جتنا وہ شاعر ہے اس سے زیادہ انسان ہے'' (مقدمہ کلیات فانی)

حضرت فانی کے نزدیک کسی شخص کے اندر اضداد کا جمع ہونا ممکن ہے لیکن آسان نہیں جبکہ آدمی کے اندر انسانیت کا پایا جانا اس کے سوا ہے۔ارشاد فرماتے ہیں:

جاہل خود اور خود اہل عرفاں ہونا
خود تشنہ لب اور خود آب حیواں ہونا

اضداد کا امتزاج کچھ کھیل نہیں

مشکل ہے کوئی کام تو انساں ہونا

فانؔی کے پاس انسان ہونا مشکل عمل ہے اگر آدمی انسان ہو جائے تو اس کے فوائد و ثمرات کی کوئی حد نہیں۔آدمی خطا اور غلطیوں کا مجسمہ ہے خداوند کے نزدیک پسندیدہ بندہ وہ ہے جو خطا کے بعد فوری توبہ کر لے اس کی توفیق آدمی کو اسی وقت ہوگی جب وہ انسان ہوگا۔فانؔی اپنے آپ کو انسانیت کے دائرے میں فرشتہ سے افضل گردانتے ہیں۔رباعی ملاحظہ کیجئے:

ہر چند بہت بے سروساماں ہوں میں

اور قصر گناہ پر پشیماں ہوں میں

لیکن یہ غنیمت ہے فرشتہ میں نہیں

بخشش کو یہ کافی ہے کہ انساں ہوں میں

فانؔی انسانوں میں تکبر و غرور کی روش کو پسند نہیں کرتے جس کی وجہ سے انسانیت کی موت ہو جاتی ہے اور آپسی معاملات میں اخلاقی قدریں متاثر ہوتی ہیں۔اس امر کی ناپسندیدگی کا اظہار وہ سیدھے رب کے حضور میں کرتے ہیں کہ خدایا تو ہی ان بندوں کو بندگی بھی عطا کر کیوں کہ یہ تونگری کی وجہ سے اپنی اصلیت کو بھلا چکے ہیں۔

دے کر یارب تونگری کی توفیق

دی اہل تکبر کو خودی کی توفیق

بندوں کو خدا بنا کے دیکھا تو نے

اب ان کو عطا ہو بندگی کی توفیق

جیسا کہ آپ ملاحظہ فرمایا کہ حضرت فانؔی غرور کو پسند نہیں فرماتے یہ رباعی بھی ملاحظہ فرمائے۔

اللہ رے مال و جاہ و ثروت کا غرور

اس خاک کے پتلے کو قیامت کا غرور

اس آج کے فرعون نے یہ بھی دیکھا

فرعون رہا نہ وہ حکومت کا غرور

غرور و تکبر کرنے والا کم از کم اپنے پیش رو فرعون سے تو سبق حاصل کر لے۔

حضرت فانؔی بدایونی بشریت اور آدمیت کی تکمیل کے لیے ان امور کو شرط اور حرف آخر نہیں مانتے کہ آدمی بادشاہ ہو جائے یا پھر اپنے ریاضتوں اور عبادتوں کی وجہ سے فرشتوں کی صف میں شامل ہو جائے۔ بلکہ تکمیل انسان کی اصل بنیاد ''عجز بندگی'' کا احساس ہے ملاحظہ کیجئے

تکمیل بشر نہیں ہے سلطاں ہونا

یا صف میں فرشتوں کی نمایاں ہونا

تکمیل ہے عجز بندگی کا احساس

انسان کی معراج ہے انساں ہونا

جب آدمی میں انسانیت پیدا ہو جاتی ہے تو وہ معاشرے میں موجود مظالم کو ختم کرنے کی کوشش اور جستجو کرتا ہے یہی شئے ہمیں حضرت فانؔی کی اس رباعی میں ملتی ہے وہ انسانیت کے توسط سے ظالم کو سمجھاتے ہیں کہ تم مظلوم کے آہ سے بچو کیونکہ یہ کبھی دربار الٰہی سے خالی نہیں لوٹی ہے۔

ناعاقبت اندیش قیامت کو سمجھ

مظلوم سے ڈر خدا کی عادت کو سمجھ

یہ عرش کو سو بار ہلا آئی ہے

آواز شکست دل کی طاقت کو سمجھ

جن احباب میں انسانیت نہیں ہوتی ہے وہ بس خوش حالی میں ساتھ دیتے ہیں جبکہ اصلی دوست وہ ہے جو آپ کی خوشی کے ساتھ غمی میں بھی شریک رہے اس سلسلے میں فانؔی فرماتے ہیں:

آرام کے ساتھی ہیں فراغت کے شریک

البتہ نہیں گردش قسمت کے شریک
غم خوار خدانہ خواستہ کیوں ہوتے
احباب کا مفہوم ہے راحت کے شریک

یہ گہرا طنز ان احباب کے لیے ہے جنہیں کچھ بھی اخلاقی اقدار کا پاس ولحاظ نہیں۔

عورت سماج کا اٹوٹ حصہ ہے اس سے کسی کو انکار نہیں ۔لیکن اسلام سے قبل زمانہ قدیم میں اس کے ساتھ غیر انسانی افعال روا رکھے گئے تھے۔آج بھی مساوات مرد وزن کے حوالے سے جو افکار وخیالات منظر عام پر آرہے ہیں اس کا عملی نتیجہ یورپی دنیا اور خود مشرقی دنیا میں بھی گاہے گاہے نظر آتا ہے۔حضرت فانی کے مطابق انسانیت فطرت کے عین مطابق ہوتی ہے اس میں افراط وتفریط دونوں باعث نقصان ہیں اصل زندگی انسانیت سے پر ہے اس سلسلہ میں عورتیں کہاں تک صحیح معنوں میں زندگی گزار رہے ہیں اس کا نقشہ یوں کھینچا ہے

پاکیزہ ہوا کی تازگی سے محروم
دیواروں میں بند روشنی سے محروم
ہے قابل رحم عورتوں کی حالت
زندہ ہیں مگر ہیں زندگی سے محروم

غرض آپ نے اندازہ کیا ہوگا کہ حضرت فانؔی بدایونی کی رباعیات میں انسانیت کا درس اپنے وسیع تر مفہوم میں ملتا ہے وہ آدمی کو اسی وقت اچھا اور کامیاب قرار دیتے ہیں جب وہ انسانیت کا چلتا پھرتا نمونہ اور مثال بن جائے۔

ڈاکٹر ابوبکر ابراہیم عمری
(شعبہ ترجمہ مولانا آزاد نیشنل اردو یونیورسٹی حیدرآباد)

حیدرآباد دکن میں اردو زبان اور تہذیبی قدریں

دور آصفی میں

ہند وہ سب کا ہے جو گہوارا　　ہند وہ جس کا مرتبہ اعلا
ہند وہ جس میں ہے دکن اپنا　　ہند وہ ہند جو وطن اپنا

(عالؔی)

اردو زبان کے حروف تہجی مختلف زبانوں کے الفاظ سے مل کر بنے ہیں اور اردو ہی ایسی زبان ہے جس میں ہر زبان کے الفاظ کو صحیح تلفظ کے ساتھ ادا کیا جاسکتا ہے پاکستان کے ادراہ مقتدرہ کے مطابق حروف تہجی کی تعداد 56 ہے۔ جو کہ دیگر زبانوں کے حروف تہجی کی تعداد سے کچھ زیادہ ہیں۔ یہ بات بھی اہمیت کی حامل ہے کہ اردو کی تشکیل میں مختلف زبانوں سے تعلق رکھنے والے صوفیاء اکرام، سادھو، سنت حضرات نے اہم حصہ ادا کیا ہے، حیدرآباد شہر کی بنیاد قطب شاہی حکمرانوں نے رکھی جبکہ اردو زبان اپنے ابتدائی مراحل سے گزر رہی تھی۔ قطب شاہی حکمرانوں نے اردو زبان وادب کے فروغ میں اہم رول ادا کیا ہے اور ایک مضبوط بنیاد فراہم کی ہے اسی بنیاد پر بعد کے دور سے تعلق رکھنے والے آصف جاہی حکمرانوں نے اس کی آبیاری میں کوئی کسر نہیں چھوڑی اور اردو ادب کی تاریخ اس بات کی شاہد ہے کے اردو ذریعے تعلیم کی پہلی دانش گاہ حیدرآباد دکن میں ہی جامعہ عثمانیہ کے نام سے قائم کی گئی جو دکن میں آصفی عہد کی یاد کو تازہ کرتی

ہے۔

حیدرآبادی تہذیب و تمدن سے متعلق معروف تاریخ داں ڈاکٹر شیلا راج کی رائے

ملاحظہ ہو۔

"شہر حیدرآباد، ہندوستان کا واحد اور قدیم شہر ہے جس کی تاریخی حیثیت
مسلّم ہے۔ کئی شہر آباد ہوئے جن میں کچھ نے تو اپنی رنگینی گنوا دی اور کچھ تباہ و
برباد ہو گئے لیکن شہر حیدرآباد کی چمک دمک، آب و ہوا اور رونق چار سو سال گذر
جانے کے بعد قائم ہے۔ اس کی وجہ یہ نہیں کہ یہاں بلند پایہ، شکوہ
عمارتیں، خوبصورت اور دلکش باغات ہیں اور یہاں کی آب و ہوا فرحت بخش
ہے بلکہ یہاں کی بے مثال تہذیب اور قومی یکجہتی کے اعتبار سے ہندوستان کی
تمدنی تاریخ میں ممتاز اور نمایاں جگہ حاصل رہی ہے''

(ہندو مسلم روایات کا امین، روزنامہ منصف حیدرآباد، 19 نومبر 1998)

بھاگیہ نگر بڑھ بھاگی اتی نام   آصف کی سرکار ہے سدا آباد

(نرہری)

1724ء میں نواب قمرالدین خاں نے دکن میں آصف جاہی سلطنت کی بنیاد
رکھی۔ 1884ء میں ریاست حیدرآباد میں آصف سادس میر محبوب علی خاں نے اردو کو سرکاری
زبان کا موقف عطا کیا۔ سلطنت آصفیہ ملک کی آزادی سے قبل ہندوستان کی تمام دیسی
ریاستوں میں ایک منفرد حیثیت و اہمیت کی حامل ریاست تھی جس کی بے مثال خصوصیات گنگا
جمنی تہذیب تھی ہندوستان کے اس خطے میں مسلم حکمرانوں نے کم و بیش آٹھ سو سال حکومت
کی۔ آصف سادس میر محبوب علی خاں کے دور میں اپنی بے مثال خصوصیات کی وجہ سے ساری
ریاست کو علم و ادب ہی نہیں بلکہ تہذیب و تمدن، مختلف صنعتوں اور فنون کی راہ پر آگے بڑھایا
اور سارے ملک میں سلطنت آصفیہ کو ایک دولتمند اور ترقی یافتہ و اعلی تہذیبی قدروں سے

آراستہ ریاست کی حیثیت سے متعارف کروایا۔

ڈاکٹر شیلا راج نے شاہان آصفیہ کے رواداری کا جائزہ لیا ہے اور آصف جاہی حکمرانوں کی رواداری کو بیان کرتے ہوئے لکھا ہے۔

''آصف جاہ اول نے جس تہذیب کی بنیاد ڈالی تھی اس میں لوگوں کو متحد کرنے، بھائی چارگی اور اتحاد ورواداری کو بڑھاوا دینے پر زور دیا گیا تھا اس کو نہ صرف بعد کے فرمانرواؤں نے بڑھاوا دیا بلکہ امراء و روسا اور خود عام شہریوں نے بھی اس کو پروان چڑھانے میں مدد کی۔ اس ریاست کی عمارت امن و آشتی کی بنیاد پر کھڑی تھی۔ مذہبی رواداری اور فرقہ وارانہ ہم آہنگی جیسے مضبوط ستون نے اس کو سہارا دیا تھا۔ جہاں ہندو اور مسلمان ایک جان دو قلب تھے۔ ان کے باہمی اتحاد و اعتماد، میل جول، بھائی چارگی مذہبی رواداری پیار و محبت اور ایثار و اخلاص نے انہیں انتہائی قریب کر دیا کہ ہندو اور مسلمان کی تہذیب، زبان، رہن سہن، عادات و اطوار، طرز تعمیر، رسوم و رواج اور آداب اور اخلاق میں یکسانیت آگئی تھی حیدرآباد میں بھائی چارگی اور یکسانیت کی یہ ایسی نظیر ہے جو ہندوستان کے کسی اور حصہ میں نہیں پائی جاتی۔'' (شاہانِ آصفیہ کی رواداری اور ہندو مسلم روایات ص 81-80)

آصف جاہ سادس میر محبوب علی خاں نے حیدرآباد ریاست میں تعلیم پر خصوصی توجہ دی اور کئی مدارس قائم کیے جن میں اردو، مراٹھی، فارسی اور تلگو میڈیم اسکولس بھی شامل ہیں۔ آصف جاہ سادس کا ایک اور اہم کارنامہ جو کہ اردو زبان کو سرکاری زبان کی حیثیت سے رائج کیا گیا اور حکومت کے تمام محکموں میں اردو زبان کو لازم قرار دیا گیا۔

ڈاکٹر شیلا راج نے حیدرآبادی تہذیب کی قدیم روایات اور رسم و رواج کا تذکرہ کیا ہے۔ وہ رقمطراز ہیں:

''19 ویں صدی میں ریاست حیدرآباد کی تہذیب کافی ترقی یافتہ ہو چکی تھی
حیدرآباد کی معاشرتی زندگی میں ہندو مسلمانوں کی غیر معمولی ہم آہنگی اور بھائی

چارگی ایک مثالی حیثیت رکھتی تھی۔ جس کی نظیر سارے ہندوستان میں اس وقت نہیں مل سکتی تھی۔ سماجی زندگی میں رہن سہن، بول چال میں ہندو مسلمان یکساں دکھائی دیتے تھے۔ ذات پات کا کوئی بھید بھاؤ نہیں تھا۔ لباس میں بھی کوئی فرق نہیں تھا۔ جبکہ امراء بیش قیمتی زروجواہر سے آراستہ لباس استعمال کرتے تھے۔ غریب اور متوسط ہندو مسلم طبقات میں سماجی زندگی کے مشترک پہلو واضح ہوتے تھے۔ جبکہ زیورات کا ذوق بھی ہندو مسلم خواتین میں یکساں تھا۔ عام طور پر ریاست کے دیہاتوں میں دھوتی اور کمر بند کپڑے کا استعمال ہوتا تھا۔ مرہٹواڑہ کے علاقے میں کرتا اور قمیص کا استعمال عام تھا ساتھ ہی سفید اور لال پگڑی بھی لوگ استعمال کرتے تھے تلنگانہ کے علاقہ میں ہندو مسلمان ایک طرز کا لباس استعمال کرتے تھے ہندو خواتین ساڑی اور چولی زیب تن کرتیں اور مسلمان خواتین لہنگا اور پیٹی کوٹ پہنتی تھیں۔'' (عہد وسطیٰ سے عہد جدید تک حیدرآباد کی سماجی، معاشی اور تہذیبی تاریخ، ص 68-67)

آج آصف جاہی عہد کے خاتمہ کے 66 سال گذر جانے کے باوجود ہم مل جل کر زندگی گذار رہے ہیں یہ دراصل ان سلاطین کی دی ہوئی تعلیمات تھیں جس کا اثر ریاست حیدرآباد میں آج بھی نظر آتا ہے۔ ہندوستان کے دیگر شہروں میں اس طرح کی تہذیب اور یکجہتی کی مثال کم ہی دیکھنے کو ملتی ہیں۔

آصف سابع میر عثمان علی خان کی یکجہتی و رواداری سے متعلق ڈاکٹر شیلا راج نے لکھا ہے۔

''آصف جاہی سلطنت کی یک جہتی، عوام دوستی اور رواداری حیدرآبادی کی امتیازی خصوصیت رہی لیکن اپنے دور میں میر عثمان علی خاں نے غیر مسلموں سے رواداری کی

ایسی مثال قائم کی جو اپنی نظیر آپ تھی۔ آپ نے مسجدوں ،چرچوں ، مندروں، گرودواروں، عاشورخانوں اور درگاہوں کی نگہداشت کے لئے عطیات جاری کئے آپ نے علماء، سجادہ نشین، پنڈتوں اور پجاریوں کی سرپرستی کی۔ میر عثمان علی خاں نے مندروں کی نگہداشت کے ساتھ ساتھ مندروں میں روزآنہ ہونے والی اور خاص موقعوں پر پوجاؤں کے لئے عطیہ دیئے۔''

(شاہانِ آصفیہ کی رواداری اور ہندو مسلم روایات ص 43)

ریاست حیدرآباد کے ترانہ سے آصف سابع میر عثمان علی خاں سے متعلق توصیفی اشعار ملاحظہ ہو

تا ابد خالق عالم یہ ریاست رکھے تجھ کو عثمان بصد اجلال سلامت رکھے
جیسے تو فخر سلاطیں ہے بفضل یزداں یوں ہی ممتاز تیرا دور حکومت رکھے

حیدرآباد دکن کو اردو کے معروف شعرا نے اشعار کے ذریعے اپنا خراج پیش کیا ہے ملاحظہ ہو۔

محمد قلی قطب شاہ

مناجات میرا تو سن یا سمیع
منجے خوش توں رکھ رات دن یا سمیع
میرا شہر لوگاں سوں معمور کر
رکھیا جوں توں دریا میں من یا سمیع

جوش ملیح آبادی

حیدرآباد اے نگر گل بداماں السلام

السلام اے قصہ مئے کے عنوان السلام

تو نے کی تھی روشنی میری اندھیری رات میں
مہر و ماہ خوابیدہ ہیں اب بھی تیرے ذرات میں

سکندرعلی وجد

فضا جاں فضا ذرہ ذرہ حسین ہے
حقیقت میں ملک دکن گل زمین ہے
ہر یک نقش تہذیب جو دلنشین ہے
دل حیدرآباد اس کا امین ہے

کنورمہندرسنگھ بیدی سحر

جہاں شریعت ہے جہاں قدر وفن ہے
جہاں علم و فن کے لئے اک لگن ہے
جو سچ پوچھتے سحر ہو تو وہ قطعہ
دکن ہے دکن ہے دکن ہے دکن ہے

جگن ناتھ آزاد

دلی میں یوں زبان پہ آئی دکن کی بات
صحرا میں چھیڑ دو جیسے کوئی چمن کی بات
لئے ہر موج میں کیف گلستان دکن آئی
شمیم گل کا بھر کر روپ بوئے پیرہن آئی

مخدوم محی الدین انقلاب کا پیامبر

دیار ہند کا وہ رہبر تلنگانہ

بنا رہا ہے نئی اک سحر تلنگانہ

بلا رہا ہے بہ سمت دگر تلنگانہ

وہ انقلاب کا پیامبر تلنگانہ

<u>ڈاکٹر محی الدین قادری زور</u>

شیرازہ بہار گل تر بکھر گئے

اب کس کو کیا بتائیں کہ زیب چمن ہے کون

کشمیر میں کوئی تو کراچی میں ہے کوئی

اب زورؔ کس سے پوچھیں اہل دکن ہے کون

مندرجہ بالا معروف شعراء اکرام کے شعری انتخاب سے اندازہ ہوتا ہے کہ دکن میں شعرا نے جو حقیقت دیکھی اسے اپنے کلام میں پیش کیا۔ اور دکنی تہذیب وتمدن سے انپنجز باتی لگاؤ کا اظہار کیا۔

اردو زبان وادب میں وہ تاثیر ہے کہ وہ تہذیب قدروں کے ذریعہ ملک میں یکجہتی کے ماحول کو فروغ دے سکتی ہے موجودہ دور کا تقاضہ بھی ہے کہ یکجہتی کو فروغ دیا جائے لہذا حب الوطنی کے جذبہ کو فروغ دینا چاہیے۔ اس مضمون میں آصف جاہی عہد کی مذہبی رواداری اور قومی یکجہتی کو ڈاکٹر شیلا راج کی تحریروں کے ذریعہ سے اجاگر کرنے کی کوشش کی گئی ہے۔ چونکہ ڈاکٹر شیلا راج کی تصنیف ''شاہانِ آصفیہ کی رواداری اور ہندو مسلم روایات'' میں شاہانِ آصفیہ کے حکمرانوں کی ہندو مسلم روایات کا انتہائی محققانہ انداز میں انہوں تجزیہ کیا ہے اور عہد آصفیہ کی سوا دو سو سالہ تہذیبی تاریخ پر بے لاگ اور غیر جانبداری سے قلم اٹھایا گیا ہے وہ دور آصفی پر ایک اتھاریٹی سمجھی جاتی تھیں۔

عالؔی کو بجا ناز ہے اس ملکِ دکن پر

تقدیر اسی آب سے اس گل سے لگی ہے

رہے آباد عالی حیدرآباد ہمیں کیا حاجت ایراں اصفہاں کی

ہمارا ہند سب سے ہو بلند اور شان والا ہو   کہ دنیا کے ممالک سے بڑا اور آن والا ہو (عالی)

ڈاکٹر محمد عبدالعزیز سہیل (لیکچرر ایم وی ایس ڈگری کالج محبوب نگر)

ناول نالہء شب گیر: بدلتی تہذیب کا ایک نیا ورق

مشرف عالم ذوقی کا تازہ ترین ناول ''نالۂ شب گیر'' ایک تانیثی ناول ہے۔اس میں عورتوں پر ہونے والے ظلم وزیادتی، استحصال، ایک لڑکی کا اپنی شرطوں پر زندگی گزارنا اور تبدیل ہوتی تہذیب کو کہانی کے ذریعہ پیش کیا گیا ہے۔اس میں واقعات دلچسپ، پلاٹ باترتیب اور مربوط، کردار زندہ اور مثالی، متوسط طبقہ اور تعلیم یافتہ ماحول، نیچرل اور موزوں مکالمہ اور غم ونشاط دونوں طرح کی جذبات نگاری موجود ہے۔یہ ہر اس لڑکی سے منسوب ہے جو باغی ہے اور اپنی شرطوں پر زندہ رہنا چاہتی ہے۔نام، نعمان شوق کے شعر ۔ کوئی تو نالۂ شب پہ باہر نکلے ۔۔۔۔کوئی تو جاگ رہا ہوگا دیوانے کے سوا۔سے موسوم ہے۔اس سے قبل ذوقی کے ایک اہم ناول کا نام ''لے سانس بھی آہستہ'' میر کے شعر ۔ لے سانس بھی آہستہ کہ نازک ہے بہت کام ۔۔۔آفاق کی اس کارگہہ شیشہ گری کا۔سے ماخوذ ہے۔متذکرہ بالا دونوں ناول اردو ادب میں منفرد مقام اور نئے تجربے کی حیثیت رکھتے ہیں۔

ناول زندگی کا تجربہ پیش کرنے کے ساتھ سماج کو آئینہ دکھاتا ہے۔ناول نگار کا تجربہ اور مشاہدہ ہی ناول کا اصل مواد ہوتا ہے۔مصنف جو کچھ دیکھتا اور محسوس کرتا ہے اسے ناول کے قالب میں ڈھال دیتا ہے۔اس کا مشاہدہ ومطالعہ جتنا عمیق ہوگا، ناول کی معنویت میں بھی اسی

قدر گہرائی و گیرائی ہوگی۔ انفارمیشن ٹکنالوجی نے پوری دنیا کو ایک گلوب کی مانند بنا دیا ہے۔ ایک جگہ بیٹھ کر پوری دنیا کا مشاہدہ کرنا آسان ہو گیا ہے۔ ایک جگہ کا ادب وثقافت دوسرے ممالک کے ادب وثقافت پر بڑی آسانی سے اثر انداز ہو رہے ہیں۔ جن سے اردو ادب بھی متاثر ہو رہا ہے۔ یہاں بھی نئے نئے موضوعات شامل ہو رہے ہیں۔ جن کے چند گوشوں کو مشرف عالم ذوقی نے اپنے ناول ''نالۂ شب گیر'' میں پیش کیا ہے۔

چوں کہ ناول زنگی کے تمام پہلوؤں کا جائز لیتا ہے۔ اس میں بھی ذوقی نے مختلف پہلوؤں پر روشنی ڈالی ہے۔ ناول کا اہم گوشہ لڑکیوں کے استحصال سے تعلق رکھتا ہے۔ ایک مہذب خاندان، جہاں لوگ نمازی، معاشرے میں عزت، گھر میں پردہ اور پرہیز گاری کی شہرت ہے۔ وہاں لڑکیوں کی تعلیم اور گھر سے باہر قدم نکالنے پر پابندی ہوتی ہے۔ خاندان والوں کو یہ ڈر ہوتا ہے کہ گھر کی عزت نیلام اور بزرگوں کی ناک نہ کٹ جائے۔ لیکن گھر اور پردے کے اندر کس طرح ان کا استحصال ہوتا ہے اس کو باہر کی دنیا نہیں جانتی۔ اور کبھی علم ہوتے ہوئے بھی لوگ ایسی باتوں کو مخفی رکھنا بہتر سمجھتے ہیں۔ ایک حساس مصنف، جس کی نظر نہ صرف پردے کے باہر جاتی ہے بلکہ اندر کی چیزوں کا بھی مشاہدہ کر لیتا ہے۔ ایک اقتباس ملاحظہ فرمائیں:

> ''جونا گڑھ کا ایک بڑا سا حویلی نما مکان...... ایک ابو تھے۔ انتہائی سخت، نمازی، پرہیز گار۔ غصہ آتا تھا تو صرف اماں پر۔ اور اماں پر آئے غصے کے لئے انہیں کسی وجہ کی ضرورت نہیں تھی۔ گھر میں پردے کا رواج تھا۔ باہر جانے پر پابندی تھی۔ لیکن رشتے داروں کی فوج تھی، آئے دن جن کا حملہ ہوتا رہتا تھا...... اب تو شکلیں بھی بھولنے لگی ہوں۔ اجو ماموں، گبرو دادا، چینو چاچا...... سبحان بھائی، تختے والے عمران چاچا...... سفید داڑھی والے ابو چاچا...... زیادہ تر داڑھیوں والے بلکہ خوفناک داڑھیوں والے بزرگ...... یہ حویلی ہماری تھی تو

ان کی بھی تھی...... میری عمر ہی کیا تھی۔ مگر میں جیسے مرغی کے دربے میں ہاتھ بڑھا کر کسی مرغی کو اپنے ہاتھوں میں دبوچ لیتی، ایسے ہی یہ لوگ پیار کے بہانے مجھے بھی دبوچ لیتے۔ کیوں دبوچتے، یہ بات میری سمجھ میں پہلے نہیں آئی تھی۔

پھر مرغیوں کی کڑکڑاہٹ کے ساتھ ننھی معصوم آوازیں لنگیوں اور پاجاموں کی سرسراہٹ میں کھو جاتیں۔

ماموں چھوڑو نا...... جانے دو نا......

ابو چاچا...... کیا کرتے ہو...... جانے دو...... نا......

گبرو دادا...... میں اماں سے کہہ دوں گی...... تم بہت گندے ہو......

چھوڑو نا......

دکھ رہا ہے......

جانے دو......

یہ بچوں سے پیار کے کھیل تھے جو ابو اور اماں کے سامنے بھی کیے جاتے تو بچوں کا لاڈ اور پیار نظر آتا۔''(نالۂ شب گیر از مشرف عالم ذوقی ص۔۱۶۰ اساشا پبلکیشنز، گیتا کالونی دہلی-110031)

اس موضوع کو ایک فلم ''ہائیوے'' میں بھی پیش کیا گیا ہے۔ جس میں لڑکی ایک الیٹ کلاس سوسائٹی سے تعلق رکھتی ہے۔ کسی رنجش کی وجہ سے ہیرو اس لڑکی کو اغوا کرنے کے بعد بہت دنوں تک اپنے ساتھ رکھتا ہے۔ اس کا مقصد پیسے لینا ہوتا ہے نہ کہ لڑکی کے ساتھ بدسلوکی کرنا۔ آہستہ آہستہ لڑکی کو اس اغوا کرنے والے شخص سے محبت ہو جاتی ہے۔ وہ اس کو گھر جانے کی ضد کرتا ہے لیکن وہ واپس جانے کو

تیارنہیں ہوتی ہے۔ وہ کہتی ہے کہ اس گھر میں میں پھر سے مرنے نہیں
جانا چاہتی ۔لوگ اس گھر میں لاڈ ، پیار ، کے ذریعہ استحصال کرتے
ہیں ۔ وہاں رہنے والے، انسان نہیں، حیوان ہیں حیوان !۔ وہ اپنے
کسی پاپا کے ملنے والے کا ذکر کرتی ہے جو اس کے گھر آیا کرتے
،ٹافیاں لاتے ،ٹافیاں کھلا کر باتھروم میں لے جاتے چلانے پر منھ دبا
دیتے اور کہتے 'کسی سے نہیں کہنا'۔ اس بات کی شکایت وہ اپنی ماں
سے کرتی تو وہ بھی کسی سے نہ کہنے کا حکم دیتیں۔

مقالہ لکھنے کے دورار میری نظر لتا حیا کی ایک نظم پر پڑی۔ اس کا بھی موضوع وہی تھا جس کا ذکر بالا سطور میں ہو چکا ہے۔ مثال ملاحظہ فرمائیں:

''بچی گھر میں اپنے محفوظ نہیں رہ پائے گی
بھول گئے ہم ہندوستانی ہر تعلیم شرافت کی
سیکھ رہے ہیں مغرب کی ہم A B C D E F G
اب نہ کوئی شرم رہی رشتوں میں اور نہ مریادہ
بیٹی کو اب لوٹے والد اور پوتی کو لوٹے دادا
اور بہن پر بھائی کی نظروں کے چلتے وار ہیں
اس ساری بے شرمی کے ہم خود بھی ذمہ دار ہیں''

جب لتا حیا ان اشعار کو پیش کر رہی تھیں تو لوگ معمول کے مطابق واہ واہ بھی کر رہے تھے شاید کسی کو اس بات کی فکر تھی یا نہ تھی کہ اگر ہمارے معاشرے میں ایسی چیزیں وجود میں ہیں یا پیدا ہو رہی ہیں تو ہمارے سماج کے لیے کتنا خطرناک ثابت ہو سکتا ہے۔

بالا تین مثالوں کو پیش کر کے مجھے تقابلی مطالعہ پیش کرنا مقصد نہ تھا بلکہ یہ بتانا تھا کہ مصنف نے جس موضوع کو ناول میں بروئے کار لایا ہے ایسی باتیں ادب میں ہونے لگی

ہیں۔ناول میں مظلومہ ،ظلم و زیادتی اور استحصال کا شکار ہو کر خاموش نہیں رہتی ۔سماج اور معاشرے سے بغاوت کرتی ہے، جھوٹی تہذیب اور پردے کو چاک کر کے باہر نکلتی ہے، اپنی تعلیم کے لیے جدوجہد کرتی ہے اور ہونے والے جبر کے آگے گھٹنے نہیں ٹیکتی بلکہ اس سے لڑنے کی قوت پیدا کرتی ہے۔

ناول کی ابتدا صوفیا مشتاق سے ہوتی ہے لیکن اس سے قبل مصنف کچھ کراس لائنیں کھینچتا ہے اور وقت کے فلسفے کو پیش کرتا ہے۔اس کے مطابق ہر چیز، ہر لمحہ تغیر پزیر ہے۔ نگاہوں نے ابھی جن اشیاء کو دیکھیں ہیں یہ ممکن ہے کہ چند لمحے بعد ان کی شکلیں تبدیل ہو جائیں۔ باالفاظ دیگر کسی صحرا میں مکان چھوڑ کر گئے ہوں اور واپس لوٹیں تو وہاں ایک پورا شہر آباد ہو۔جس فلسفے کو مصنف نے بیان کیا ہے اسے فطری طور پر ناول میں برتنے کی کوشش کی ہے۔ ناول میں ایک کردار مصنف کا بھی ہے جو پورے ناول میں موجود ہوتا ہے۔ پہلی ملاقات میں ایک شخص جو مصنف سے ملتا ہے، کچھ اور ہوتا ہے، دوسری ملاقات میں اس کی حالت نام وغیرہ سب کچھ تبدیل نظر آتا ہے۔

ناول کا قصہ صوفیا مشتاق سے شروع ہوتا ہے۔ وہ دیواروں پر آویزاں بڑے بڑے کیڑوں کا ذکر کرتی ہے۔وہ اس کے کمرے میں آتیں ہیں اور اس کی گردن سے خون چوستے ہیں ۔صوفیا، والدین کے انتقال کے بعد اپنی بہن اور بہنوئی کے پاس رہتی ہے۔ یہاں بھی وہ محفوظ نہیں رہ پاتی ،اپنے بہنوئی کی بدنظری کا شکار ہو جاتی ہے۔جب اس کی گفتگو مصنف سے ہوتی ہے تو وہ کہتی ہے کہ 'انسان سے بڑا جانور کون ہے صاحب۔اس بات کی پیش نظر یہ کہا جا سکتا ہے کہ ذوقی نے ریپ کیسز سے متاثر ہو کر اس ناول کا تانا بانا بنا ہے۔ دراصل انسانوں کی جنسی بھوک اتنی بڑھ گئی ہے کہ اس کی شکل جانور اور کیڑوں میں تبدیل ہوتی جا رہی ہے ۔

صوفیا مشتاق کے ذریعہ معاشرے کی ایک بڑی خرابی کو پیش کیا گیا ہے جو جہیز کی شکل میں ہے۔صوفیہ مشتاق پڑھی لکھی ایک خوبصورت لڑکی ہے۔لیکن اس کی شادی نہیں ہو پاتی کیوں

کہ اس کے بے روزگار بھائی کے پاس لڑکے والے کو دینے کے لیے پیسا ہوتا ہے۔اس طرح کا نقص ہمارے سماج میں ہے جو دیمک کی طرح ہمارے معاشرے کو چاٹ رہا ہے۔دیگر ناولوں کی طرح اس میں بھی مرکزی اور ذیلی کردار ہیں۔صوفیا مشتاق، ناہید ناز، کمال یوسف اور مصنف ناول کے اہم کردار ہیں۔اس کے علاوہ کچھ ذمنی کردار بھی ہیں۔

کچھ عرصہ قبل دہلی میں ایک زنا کا واقعہ سامنے آیا تھا جس پر پوری ہندوستانی عوام نے ایک ساتھ لبیک کہا تھا۔جامعات میں طلبہ وطالبات کے ذریعہ احتجاج عمل میں آیا تھا۔ملک کے کونے کونے سے لوگ رام لیلا میدان میں اکھٹا ہو کر ظلم و جبر کے خلاف نعرے بلند کیے تھے ۔پردے میں رہنے والی عورتیں گلیوں اور سڑکوں پر آ گئی تھیں۔اسی کڑی میں ناہید اور کمال نینی تال سے احتجاج کے لیے دہلی آئے تھے۔احتجاج میں کئی دن بیت چکے تھے۔کمال کی رائے تھی کہ اب انھیں گھر واپس چلے جانا چاہیے لیکن ناہید اس طرح احتجاج میں کھوگئی تھی کہ اسے اپنے خود کے بچے کی طبیعت کا بھی خیال نہیں رہا۔وہ اپنے احتجاج سے مظلوموں کو انصاف دلا کر واپس جانا چاہتی تھی ۔اس کی نظر میں تمام مرد ظالم ہوتے ہیں اور عورت مظلوم طبقے سے تعلق رکھتی ہے۔ چاہے وہ مرد اس کا باپ بھائی یا شوہر ہی کیوں نہ ہو۔اقتباس:

''کئی روز ہو گئے۔ہماری وجہ سے بچہ بیمار ہوسکتا ہے،

'ایک پوری نسل بیماری ہو چکی ہے۔' ناہید نے تیور سے کہا۔

'لیکن یہ ہمارا بچہ ہے۔'

'وہ بھی کسی کی بچی تھی۔'

'میں نے یہ تو نہیں کہا۔'

'تم نے یہی کہا۔تم مردوں میں ہمارے معاملے میں ذرا بھی صبر نہیں——وہ غصہ میں تھی——

''پہلی بار ایک بڑی آواز ہماری حمایت میں اٹھی ہے تو تم اپنے قدم پیچھے کھینچ رہے ہو۔''
(ایضاً،ص۔۹۰)

آہستہ آہستہ ناہید کا غصہ بڑھتا چلا جاتا ہے۔اس کے دل میں مردوں کی خاطر ایک آگ سی پیدا ہو جاتی ہے۔وہ اپنی شرطوں پر جینے لگتی ہے۔جو کچھ اسے اچھا لگتا ہے وہ اسے پورا کرنا چاہتی ہے۔وقتاً فوقتاً وہ اپنے شوہر سے عورتوں کی حرکات وسکنات اختیار کرنے کی ضد کرتی ہے۔وہ اسے اپنے شوہر کی شکل میں قبول نہیں کرتی۔دوسرے جانب کمال یوسف کو محبت کے جذبے کے ساتھ پیش کیا گیا ہے۔ناہید کے غیر معمولی حرکات جو عام زندگی میں ایک مرد برداشت نہیں کر سکتا، وہ اسے کرتا ہے۔اس بات سے یہاں معلوم ہوتا ہے کہ ناول نگار یہ بتانے کی کوشش میں ہے کہ ہر مرد عورت کو اذیت نہیں دیتا۔لیکن جن لوگوں نے اک طرفہ رویا اختیار کر لیا ہے وہ ہمارے معاشرے کے لیے درست نہیں ہے۔

ناہید ناز اس عورت کی علامت ہے جو پوری دنیا کو بدل دینا چاہتی ہے۔وہ عورتوں کو مردوں کے ظلم وزیادتی سے آزاد کر دینا چاہتی ہے۔جس جگہ بھی عورتوں کے تعلق سے غلط باتیں تحریر ہیں اس کے معنی ومطالب کو مردوں سے منسلک کر دینا چاہتی ہے۔وہ نہیں چاہتی کی کسی بھی عورت کا نام سن کر کسی مرد کے ذہن میں گندہ خیال ابھرے۔ جب کمال یوسف اسے ایک ڈکشنری کا پروجیکٹ دیتا ہے تو ایسے تمام الفاظ کے معنی ومطالب تبدیل کر دیتی ہے جن سے عورتوں کی عزت پر حرف آتا ہے۔

اس طرح کی تبدیلی ہمارے سماج میں رونما ہو رہی ہے۔لڑکیاں تعلیم کی طرف رجوع ہو رہی ہیں۔وہ اب کسی قید و بند کی زندگی نہیں گزارنا چاہتیں، والدین کے وصولوں پر چلنے کے بجائے وہ اپنا راستہ خود بنانا چاہتی ہیں۔انھوں نے محبت اور ظلم میں فرق کرنا سیکھ لیا ہے۔اور یہ معاشرے کے لیے ایک خوش آئند بات ہے۔آج کے والدین کو بھی چاہیے کہ لڑکوں اور لڑکیوں میں کسی قسم کی تفریق نہ کریں بلکہ دونوں کو برابری کا حق دینے کو کوشش کریں۔اگر لڑکا ڈاکٹر بن سکتا

ہے تو لڑکی کیوں نہیں؟

ذوقی نے دو ایسے نسوانی کردار کو پیش کیا ہے جو ایک محبت اور دوسری نفر کی علامت ہے ۔ایک بے پناہ محبت کرتی ہے اور دوسری مرد کو نفرت کی نگاہ سے دیکھتی ہے۔ایک اس کی جدائی میں پاگل ہو جاتی ہے اور دوسری جدائی کے نام پر افسوس تک نہیں کرتی۔ دونوں ایک دوسرے کی ضد ہیں۔ یہاں شاید مصنف یہ بتانے کی کوشش کرتا ہے تمام تر تحریک نسواں کے باوجود ہمارے معاشرے میں ایسی لڑکیاں ہیں جو مردوں سے محبت کرتی ہیں۔ان پہلوؤں سے معلوم ہوتا ہے کہ ناول نگار نے زندگی کی تمام تر حقیقتوں سے روشناس کرانے کی کوشش کی ہے۔

اس گلوبل گاؤں میں ایک طرح کی اور تبدیلی آ رہی ہے جس میں چند لوگوں کو چھوڑ دیں تو لوگ ہندو، مسلم، سکھ، عیسائی وغیرہ سے زیادہ انسان بننے کی خواہش رکھتے ہیں۔ ناول میں ایک اہم کردار ناگارجن اور اس کی بیوی کا ہے جو ایک ہندو خاندان سے تعلق رکھتے ہیں لیکن ایک مسلم لڑکی کو بڑی محبت کے ساتھ اپنی بیٹی بنا کر پناہ دیتے ہیں۔ایک مظلوم لڑکی کی حفاظت کے لیے ہندو یا مسلم ہونے کے بجائے ایک انسان ہونا کافی ہے۔ جب انھیں یہ خبر ہوتی ہے کہ نو آمد لڑکی مسلم ہے تو اسے گھر سے بے دخل کرنے کے بجائے اس سے قرآن کی آئتیں سنتے ہیں۔ جب کی دونوں میاں بیوی خیال سے مذہبی ہونے کے ساتھ ہر دن گیتا اور راماین کا پاٹھ بھی کرتے ہیں۔ بدلتی تہذیب میں لوگوں کے نظریات تبدیل ہو رہے ہیں۔ اب دقیانوسی باتوں میں یقین نہیں رکھتے۔اب کوئی سیاسی لیڈر آسانی سے مذہب کے نام پر لوگوں میں نا اتفاقی اور بغاوت پیدا نہیں کرسکتا۔

متذکرہ بالا دلائل کی پیش نظر یہ بات بڑے وثوق سے کہی جاسکتی ہے کہ مشرف عالم ذوقی کا ناول 'نالۂ شب گیر' ایک بہترین معاشرتی اور تہذیبی ناول ہے۔جس طرح ہمارے معاشرے اور تہذیب وثقافت میں توازن باقی ہے اسی طرح ناول میں بھی اعتدال قایم رکھا گیا ہے۔اردو۔ ہندی میں 'لے سانس بھی آہستہ' کی طرح یہ بھی ایک نیا اور اہم موضوع ہے جس سے اردو ادب

کو ذوقی نے متعارف کرایا ہے۔

ڈاکٹر سراج احمد انصاری
(یونیورسٹی آف حیدر آباد)

اُردو صحافت پر تقسیم ہند کے اثرات کا تہذیبی مطالعہ

بیسویں صدی کی شروعات سے ہی ہندوستان میں سیاسی اور صحافتی سرگرمیاں تیز ہوگئیں تھی۔ انیسویں صدی کے اواخر سے ہی ظفر علی خاں کا ''زمیندار'' آسمانِ صحافت پر جگمگا رہا تھا اور بیسویں صدی کے اوائل میں مولانا حسرت موہانی نے اردوئے معلّیٰ کی شروعات کر کے ہندوستان کی اردو صحافت میں چار چاند لگا دیئے تھے۔ بعد میں مولانا ابوالکلام آزاد اور مولانا محمد علی جوہر نے اسے اور بھی توانائی بخشی۔ انگریزوں کی ہمیشہ سے یہ سازش رہی تھی کہ وہ اپنی غلطی کا الزام بلا وجہ مسلمانوں پر عائد کر دیتے تھے اور ایسا ہی انہوں نے 1857ء کی پہلی جنگ آزادی کے بعد بھی کیا تھا اور اس بغاوت کا ذمہ دار مسلمانوں کو قرار دیا گیا اور اردو کے علاوہ دوسری زبانوں کے رسائل وجرائد اور اخبارات نے مسلمانوں کے خلاف خوب خوب زہر افشانی کی۔ لاہور کرانیکل جیسے اخبار نے 8 جولائی 1857ء کی اشاعت میں کچھ اس انداز میں لکھا تھا۔

اب اس امر میں کوئی شبہ نہیں رہا کہ اس بغاوت
کی تہہ میں مسلمانوں کی سازش کارفرما ہے انہیں شدید سے

شدید سزا دینی چاہئے۔ کیونکہ یہ جب تک مسلمان ہیں اپنی
رائے نہ بدل سکتے ہیں نہ بدلیں گے۔(1)

لاہور کرانیکل کے ساتھ ساتھ دوسرے اخبارات نے بھی مسلمانوں کی مخالفت میں مضامین شائع کئے۔ حالانکہ انگریزوں کے خلاف بغاوت یا جنگ آزادی میں برصغیر کی مختلف اقوام نے حصہ لیا تھا لیکن مسلمان اس تحریک میں پیش پیش تھے۔ اس لئے مسلمانوں کو ہی انگریز حکومت کے ظلم وستم اور سزا کا نشانہ بننا پڑا۔ اس ظلم وعتاب سے سب سے زیادہ نقصان مسلم قوم کا ہوا تھا اور نتیجے کے طور پر مسلم طبقہ معاشی تنگدستی، تعلیمی بے راہ روی، جاہلیت اور بے حسی کے تاریک اندھیرے میں گم ہوتا چلا گیا۔

1857ء کی پہلی جنگ آزادی کے بعد کئی اردو اخبارات کو بند کر دیا گیا اور ان کے مدیروں کو سزا کا حقدار ٹھہرایا گیا اور مولوی محمد باقر ہندوستانی صحافت کے پہلے شہید صحافی کہلائے۔ 1857ء کے بعد کی صحافت کی صورتحال کا اندازہ جے نٹراجن کی اس بات سے لگایا جا سکتا ہے۔

سنہ 1850, 1853-54 اور 1857ء میں تیار کئے گئے اور شائع کئے گئے اخبارات کی فہرست کے جائزے سے کچھ دلچسپ حقائق کا پتہ چلتا ہے۔ 1853ء کی فہرست میں 35 اخبارات کے نام ہیں جن میں سے 15 نام 1850ء کی فہرست والے ہیں 1858ء کی فہرست کے مطابق اس وقت صرف 12 اخبارات شائع ہو رہے تھے جن میں سے صرف چھ اخبارات 1857-54 والی فہرست کے ہیں۔ ان بارہ اخبارات میں صرف ایک اخبار کا مدیر مسلمان تھا۔(2)

قناعة

جے نٹر اجن کے مذکورہ قول سے یہ بات صاف ظاہر ہو جاتی ہے کہ اردو صحافت کی
حالت نہایت خستہ ہو چکی تھی۔ بغاوت کے بعد اخبارات نے حکومت کی پابندیوں اور حکومت
کے عتاب کے ڈر سے ایک اعتدال پسندانہ رویہ اختیار کر لیا اور حکومت کے خلاف کسی بھی اخبار
میں کوئی مضمون شائع ہونا بند ہو گیا۔ بعد میں سرسید احمد خاں نے مردِ آہن بن کر انگریزوں کے
سامنے وہ سارے حقائق پیش کئے جو بغاوت کا سبب بنے تھے اور یہ ثابت کیا کہ بغاوت کے ذمہ
دار مسلمان نہیں تھے۔ لندن سے ہندوستان آنے کے بعد سرسید نے ایک اصلاحی مشن کو سامنے
رکھتے ہوئے صحت مند صحافت کی بنیاد ڈالی اور اپنے رسالے تہذیب الاخلاق کے ذریعہ
اردو صحافت کو نئی ترقی اور نیا حوصلہ عطا کیا۔

کچھ اسی طرح کی صورتحال 1947ء کے بعد بھی ہوئی تھی۔ ملک تو آزاد ہو گیا لیکن یہ
آزادی برصغیر کو دو حصوں میں تقسیم کر کے حاصل ہوئی۔ ہندوستان اور پاکستان دونوں ملکوں میں
سیاسی اور سماجی حالات نہایت ابتر تھے۔ تقسیم ملک کی بنا پر لاکھوں لوگوں کو ترک وطن کرنا پڑا۔
بڑی تعداد میں مسلمان پاکستان گئے اور وہاں سے سکھوں اور ہندوؤں کی بڑی تعداد ہندوستان
آئی۔ 1947ء کی یہ آزادی اور ملک کی تقسیم نے اردو صحافت پر گہرے اثرات مرتب کئے۔ کئی
بڑے اخبارات و رسائل پاکستان سے ہندوستان منتقل ہوئے اور بہت سارے ہندوستان کے
اردو رسائل و اخبارات پاکستان چلے گئے۔ لاہور سے نکلنے والے پرتاپ، ملاپ، وندے ماترم،
پر بھات، اجیت کا دفتر دہلی منتقل ہو گیا جبکہ ساقی، جنگ، انجام، اور مولوی عبدالحق کا رسالہ اردو
پاکستان چلے گئے۔ رسالہ اردو پاکستان کے ساتھ ساتھ ہندوستان سے بھی شائع ہوتا رہا اور آج
بھی اسلم پرویز کی زیر ادارت سہ ماہی ''اردو ادب'' کی شکل میں جاری ہے۔ بڑی تعداد میں
اخبارات و رسائل بند ہوئے، جن میں روزنامہ نوجوان، منشور، ایشیاء، نیا ادب، کرم ویر، مزدور
وغیرہ کا نام لیا جا سکتا ہے۔ ان کے علاوہ ممبئی سے نکلنے والا رسالہ آفتاب نو، حیدرآباد سے پیام، کلکتہ
سے رہنما اور کانپور سے سیاست جدید بھی بند ہو گئے۔ 1947ء کے بعد ملک کے قانون میں بھی

تبدیلیاں کی گئیں۔ 1950ء میں جب نیا آئین تشکیل دیا گیا تو پریس اور صحافت کی آزادی بھی اس قانون کی زد میں آ گئی۔ بہت سے اخبارات ورسائل کے خلاف مقدمے چل رہے تھے اور بہت سارے اخبارات کو بند کر دیا گیا تھا۔ عدالت نے بہت سارے اخبارات کے خلاف فیصلہ سنایا۔ مدیروں اور اخبارات کی تنظیموں، آل انڈیا نیوز پیپرس ایڈیٹرس کانفرنس اور انڈین فیڈریشن آف ورکنگ جرنلسٹ نے حکومت کے ذریعے پریس کے خلاف کئے گئے کئی اقدامات کی مخالفت کی اور حکومت نے پریس کمیشن میں کچھ اور تبدیلیاں کیں۔ لیکن اس میں بھی پریس کو مکمل آزادی نہیں دی گئی تھی پریس پر غیر ضروری پابندیاں عائد کر دی گئی تھیں ان پابندیوں کو ہٹانے کے لئے آل انڈیا نیوس پیپرس ایڈیٹرس کانفرنس کے وفد نے وزیر اعظم سے ملاقات کی اور ان سے درخواست کی کہ آئین کی دفعہ 19-(2) میں جو تبدیلی کی گئی ہے وہ غیر ضروری ہے لیکن اس درخواست کا کوئی اثر نہیں ہوا۔ آل انڈیا نیوز پیپرس ایڈیٹرس کانفرنس کی 24 جون 1951ء کو ممبئی میں میٹنگ ہوئی۔ میٹنگ میں پریس کے متعلق دفعات کی پرزور انداز میں تنقید کی گئی۔ ان حالات میں جب کہ اخبارات ورسائل کے خلاف کارروائی ہو رہی تھی اور کئی مدیر عدالت کا چکر لگانے پر مجبور تھے۔ اخبار ومجلّہ نکالنا کافی مشکل تھا۔ اس وقت بڑی تعداد میں اخبارات ورسائل بند ہو گئے۔ اردو صحافت کی اس ناگفتہ بہ حالت کے لئے ایک حد تک خود اردو والے بھی ذمہ دار تھے۔ یہ صحیح ہے کہ پاکستان بننے کے بعد ملک کا ایک بڑا طبقہ مسلمانوں اور اردو کو تعصب کی نظر سے دیکھ رہا تھا لیکن اردو ادیبوں اور اردو صحافیوں نے اس پر آشوب دور میں کہیں نہ کہیں بے علمی، پست ہمتی اور احساس کمتری کا ثبوت دیا جس سے اردو صحافت اور بھی کمزور ہوئی جبکہ ہونا یہ چاہئے تھا کہ وہ ایسے مشکل وقت میں ایک بار پھر اٹھ کھڑے ہوتے اور اپنی بلند ہمتی کا ثبوت پیش کرتے۔ ملک میں کچھ تنگ نظر اردو کی ترقی سے حسد بھی کرتے تھے کیونکہ آزادی سے قبل یہ دوسری سب سے بڑی زبان تھی لیکن آزادی کے بعد سب سے زیادہ نقصان اسی زبان کا ہوا۔

اردو کو آئین کے آٹھویں شیڈول میں ہندوستان کی قومی زبان تسلیم تو کر لیا گیا لیکن عملی

طور پر اس آئین کی خلاف ورزی ہی کی گئی ہے اور اس پر عمل ٹھیک سے ہوا ہی نہیں۔ 1947ء کے بعد اردو زبان و ادب اور صحافت ایک قسم کے سیاسی تعصب کا شکار ہو گئے۔ فرقہ پرست لوگوں نے اقلیتوں اور اردو کے خلاف جی بھر کے زہر اگلا اور فرقہ پرستی کی آگ بھڑ کائی۔ اردو صحافت اور اردو ادب کی خستہ حالی کی ایک بڑی وجہ یہ بھی تھی کہ اردو والوں نے خود ہی اسے اپنی زبان بنالیا اور جب پاکستان کا مطالبہ کیا گیا تھا تو اس وقت بھی یہ دلیل دی گئی تھی کہ اردو مسلمانوں کی زبان ہے۔ اس کے علاوہ آزادی کے بعد بھی مسلمانوں کی بڑی تعداد نے یہ دعویٰ کیا کہ اردو ان کی زبان ہے جبکہ حقیقت یہ تھی کہ اردو مشترکہ تہذیب و تمدن اور گنگا جمنی تہذیب کی بدولت پیدا ہوئی اس پر کبھی کسی کا حق نہیں رہا اور اردو صحافت ہو یا ادب اس میں غیر مسلم حضرات نے بھی اہم خدمات انجام دی ہیں۔ آزادی سے قبل جہاں اردو زبان ہندوؤں اور مسلمانوں دونوں کی زبان تھی اور اردو پر کبھی کسی نے اپنا دعویٰ نہیں پیش کیا تھا لیکن آزادی کے بعد کچھ غیر مسلموں نے ایک دم سے فرقہ پرستی کی عینک سے اسے دیکھنا شروع کر دیا اور یہ زبان صرف مسلمانوں کی زبان قرار دے دی گئی۔ جس سے اردو ادب اور صحافت کو بہت زیادہ ہی نقصان پہنچا۔

برصغیر کی تقسیم سے قبل اردو زبان و ادب اور صحافت کا ایک واضح مقصد انگریزوں سے ملک کو آزاد کرانا تھا اور اس وقت اردو ہی ملک کی اہم زبان تھی۔ حقیقت یہ ہے کہ اردو کے اخبارات و رسائل نکالنے والوں میں مسلمانوں اور غیر مسلم حضرات دونوں ہی پیش پیش تھے۔ اردو پر مسلمانوں کا ٹھپہ بھی نہیں لگا تھا۔ یہ زبان مشترکہ کلچر کی ترجمان تھی۔ اردو صحافت اور ادب کے موضوعات دونوں قوموں کے مشترکہ مسائل و معاملات ہوتے تھے۔ لیکن آزادی کے بعد یہ سب باتیں پرانی ہو گئیں اور نئے مسائل اور نئی مشکلات نے جنم لیا اور اردو صحافت کے موضوعات بھی تبدیل ہو گئے ملک کے سیاسی اور سماجی حالات نے اردو صحافت کو ایک نیا رنگ دے دیا۔ ملک کے حالات پر پروفیسر تاج انور رقم طراز ہیں۔

تصور پاکستان سے قبل اردو صحافت مذہبی انتہا پسندوں سے نبرد آزما ضرور تھی جو عام

سماجی یا مقامی مسئلوں کو مذہبی رنگ دیکر ''ہندو مسلم'' ''اردو ہندی'' یا مندر مسجد جیسے نعروں کا استعمال کر کے فضا کو مسموم کرنے کی کوشش کرتے رہتے تھے لیکن اس صحافت کے پیر بہر حال جمے ہوئے تھے مگر تصور پاکستان کی وکالت نے اس کی ساری طنابیں ڈھیلی کر دیں۔ فہم وفراست کو تہہ کر کے گویا رکھ دیا گیا تھا اور جذبات کا الاؤ روشن ہو گیا۔ نتیجتاً یہ ہوا کہ سیاسی جواریوں کے ساتھ ساتھ مذہبی انتہا پسندوں کی بھی بن آئی اور وحشت کا خونی رقص شروع ہو گیا۔

پروفیسر تاج انور کی یہ باتیں تھوڑی تلخ وترش ضرور ہیں لیکن ان جملوں میں جس طرح سے حقیقت پسندانہ انداز میں تبصرہ کیا گیا ہے وہ یقیناً قابل توجہ اور قابل تعریف ہے۔ ان سطور میں اردو صحافت کی ناکامی پر درد وغم بھرا ہوا ہے۔ انہوں نے بڑے ہی صاف اور سیدھے سادھے انداز میں حقیقت بیانی کی ہے اور یہ بالکل صحیح ہے کہ آزادی کے بعد اردو زبان وادب پر اس انداز میں دھیان نہیں دیا گیا جیسا آزادی سے قبل دیا جاتا تھا۔ آزادی کے بعد اردو صحافت کئی حصوں میں تقسیم ہوگئی اردو اخبارات کا تو اور بھی برا حال ہوا اور بہت کم ایسے اخبارات تھے جو اعتدال پسندانہ یا غیر جانب دارانہ رویہ اپنائے ہوئے تھے ورنہ زیادہ تر اخبارات کسی سیاسی پارٹی کے مرہون منت تھے اور اخبار کو بس اپنے فائدے کا ذریعہ سمجھتے تھے اور یہ حالت کسی حد تک آج بھی برقرار ہے۔

آج ضرورت اس بات کی ہے کہ صحافت کے اصول وضوابط کی پاسداری کرتے ہوئے اردو صحافت کے فروغ کی سچی اور جائز کوشش کی جائے۔ صرف مالی فائدے اور اشتہارات کو مقصد بنا کر اخبارات ورسائل نہ نکالے جائیں۔ اردو اخبارات کو جس طرح اشتہارات ملتے ہیں اور بہت سارے مالکان اخبار صرف اشتہارات کے لئے اخبارات نکال رہے ہیں ایسا نہیں ہونا چاہئے۔ یہ صحیح ہے کہ ان اشتہارات سے اردو اخبارات کو کافی طاقت مل رہی ہے لیکن اخبارات کے ساتھ ساتھ اردو کے ادبی رسائل میں بھی اس طرح کے اشتہارات دیئے جائیں تا کہ اردو رسائل کو بھی کچھ تقویت ملے۔ اردو صحافیوں کی ٹریننگ اور ان کے معاوضوں پر بھی خصوصی دھیان دینے کی ضرورت ہے۔ اگر ان سب باتوں پر سنجیدگی سے غور کیا

جائے اور عمل کیا جائے تو یقیناً اردو صحافت دنیا کی کسی بھی زبان کی صحافت کے سامنے فخر کے ساتھ کھڑی ہو سکے گی اور اس سے سب سے بڑا فائدہ اردو زبان و ادب اور صحافت کا ہوگا۔

ڈاکٹر عبدالحی

152 بیریار ہاسٹل (جے این یو نئی دہلی)

صحافت نسواں کا تہذیبی مطالعہ

صحافت لفظ 'صُحف' سے ماخوذ ہے معنی کتاب یا رسالہ کے ہیں انگریزی اصطلاح Journalism ہے۔اس کی بنیاد صوتی، بصری یا تحریری ہے۔اس فن کا آغاز تقریباً دو ہزار سال پہلے ہوا ہے۔یہ دنیا کے تمام علوم وفنون کی توسیع وترقی کے لیے باضابطہ پہلا اخبار 'ویکلی نیوز' کے نام سے جاری ہوا۔خواتین پہلی صحافی Royell Anne ہے۔صحافت کے دو اہم قسم ہیں۔ جو عوام سے جڑے واقعات کو خوبصورت انداز میں منظر کشی کرتے ہیں۔میڈیا ہر وقت ناظرین کی دسترس میں رہتا ہے اور اتحاد و سالمیت کا تحفظ پیدا کرتا ہے۔جس میں سیکولرزم اور آپسی جذبات کو مستحکم بنانے کی فکریں شامل رہتی ہیں۔

میڈیا یہ بھول جاتا ہے کہ خواتین کی نہ زیبا تشہیر کے خلاف قانون ایکٹ 1986 نافذ ہے جو دفعہ 7 کے تحت سخت جرم ہے۔اس کے باوجود میڈیا اپنی من مانی کر رہا ہے۔جس سے سماج پر مضر اثرات تہذیبی اخلاقی، نفسیاتی، علمی، ادبی، مذہبی اور معاشرتی سطح پر ظاہر ہو رہے ہیں۔مثلاً عصمت دری، اغوا و جنسی حراساں۔ پریس کونسل کے مطابق 'عصمت دری' خاتون کے اغوا یا کسی

بچے کے جنسی استحصال سے متعلق رپورٹوں کی اشاعت کے وقت ان چیزوں سے گریز کیا جانا چاہئے جن سے خاتون کی رازداری متاثر ہوتی ہو یا کسی کے کردار پر سوالیہ نشان لگتا ہو۔ ان جرائم کی شکار خواتین اور بچوں کی تصاویر کی اشاعت سے بھی بچنا چاہیے اور ایسی تفصیلات سے گریز کرنا چاہئے جن سے متعلقہ خاتون یا بچے کی سماجی حیثیت متاثر ہو جائے۔' نامہ نگاروں کی دانستہ یا غیر دانستہ صحافتی جرم سے سرزد ہونے والے فتنے سے ایک پل میں شریف خاتون سماج میں ہمیشہ کے لیے داغدار ہو جاتی ہے۔

صحافت کے ذریعہ معاشرہ کی تمام برائیوں سے سماج کو روشناس کرنا، ملک وثقافت کے مفادات سے عوام کو آگاہ کرنا، خواتین چوتھا ستون یعنی صحافت سے اپنی تمام تر اقدار اور اخلاقیات کو پامال کر رہی ہیں، اس کے برعکس مرد صحافیوں نے عملی طور پر تمام قوائد وقوانین کو بالائے طاق کر کے اس فن سے فحش اور غیر اخلاقی اشتہارات کی بھرمار کر رہے ہیں، جس کی وجہ سے معاشرہ میں نسائی حیثیت گھٹ گئی ہے۔ میڈیا کو اتنی فرصت کیوں نہیں ہے وہ ان اشتہارات کی حقانیت کو پرکھتے لیکن آمدنی کی وجہ سے انصاف پسند پیشہ غیر اخلاقی راستہ اختیار کر چکا ہے یا ایک دوسرے کو نیچا دکھانے اور جائز ناجائز کسی بھی حد تک حریف پر سبقت لے جا رہے ہیں۔ ایڈورٹائزنگ و مارکیٹنگ کے لیے بنیادی مقصد کسی بھی قسم کا پراڈکٹ ہو اس کے لیے عورت کے جسم کے ہر حصہ کی نمائش نیم عریاں پیش کی جا رہی ہیں۔ مثلاً فحش ڈائلاگز، بے ہنگم موسیقی، آبرو باختہ لطیفے، نوجوانوں کو رات بھر عشقیہ باتوں کی ترغیب وغیرہ شامل ہیں۔

جس سے موجودہ معاشرہ بالخصوص ہندوستانی ثقافت پر عالم کاری کے اثرات مرتب ہو رہے ہیں۔ مساج پارلرز کے اشتہارات میں ماڈل یا خوبصورت چست ملبوسات یا چاک گریباں سیا عضائے نسوانی کو نمایاں واضح کیا جا رہا ہے تو کہیں برہنہ مخصوص حصّوں کی نمائش بغیر کسی جھجک کے ہو رہی ہے۔ ان اشتہارات میں صاف معلوم ہوتا ہے کہ مساج کے لئے ہندوپاک، روسی یا پنجابی، افغانی، کشمیری، ترکی، رشین، ہسپانوی بین الاقوامی سطح کی کسی بھی قسم کی

ماڈل لڑکیاں ہر وقت بیوٹی پارلر کے نام پر موجود رہتی ہیں۔ رابطہ کرنے کے لئے فون نمبر بھی دیا جاتا ہے۔ یہ ناجائز و بدکار عمل کی تشہیر بھی آج میڈیا کے ذریعہ سے کیا جارہا ہے۔ فل باڈی مساج کے نام پر کھلی جسم فروشی کی تشہیر کی جارہی ہے۔

صحافت ہی معاشرہ کا ذمہ دار ہے، میڈیا کے ادارتی تحریروں سے درس و اسباق سے سماج مستفظ ہوگا۔ اس گمراہ تشہیر سے سنگین سے سنگین جرم خاص کر عصمت دری جیسے واقعات ہر دن اضافہ ہو رہے ہیں۔ بڑھتی ہوئی فحاشی کے خلاف میڈیا سے ہی متنبہ کیا جائے اور فحاشی' پروسیں کو اوور ڈوز نہ ہونے دیں۔ سینسر بورڈ سے فلمی نمائش کی منظوری یعنی سرٹیفکیٹ دینے کے بعد ہی منظر عام پر اطلاعات ونشریات کی وزارت کے ذریعہ نمائش کی جاتی ہے۔ حالاں کہ سینما مقاصد میں شامل ہے کسی بھی قسم کا تشدد اور جنسی عناصر کے مناظر نہ ہو لیکن اس کے برعکس کثیر تعداد دکھایا جارہا ہے۔

خواتین تشدد بنیادی طور پر سب سے زیادہ فحش نگاری اور عریانیت کی انکشاف معلوم کر کے ان ناپاک عزائم کو طشت از دبام کیا جائے۔ اگر ایسا نہ ہوا تو نتیجے میں جنسی ناآسودگی، آبرو یزی اور آزادانہ جنسی اختلاط تیزی سے پیدا ہوگا۔ بعد افسوس، شور ہنگامہ اور جلسہ جلوس سے کوئی فائدہ نہیں ہوگا۔ دانائی اسی میں ہے کہ طوفان آنے سے پہلے بند کو باندھ دیا جائے۔

ہزاروں سالوں سے علم وشعور کی کئی منزلیں طے کر کے انسان اپنے فہم وادراک سے آگہی کے کئی جہان دریافت کئے جاچکے، زمین کا ذرہ ذرہ ذہن کی لیبارٹری سے گزر چکا مگر سمندر کی تہوں سے سات آسمان تلک رسائی کر لی لیکن خود اپنے آپ کو معلوم نہیں کر سکا۔ یعنی فطری شر و تخریب پر قابو نہ پا سکا اور نہ خیر کی علامت بن سکا۔ حالاں کہ قدرت نے انسان کو کائنات آشنائی کا شرف سے سرفراز کیا ہے لیکن وہ اپنی ذات، دل اور ذہن سے تشکیک و بیگانگی کا شکار ہے۔ بالخصوص نجی خواہشوں اور اصول پسندی سے ہونے والی جبلت اس کے امتیازی وصف، عقلی و روحانی اہلیت میں بھی بے بس ہوگیا ہے۔

ذرائع ابلاغ میں خواتین کے لیے اپنا کردار موثر طور پر پیش کرنے کے بے شمار مواقع ہیں۔اس میں کوئی شک نہیں کہ خواتین کو فروغِ آگہی میں ان کے کردار اور ملازمت کے دوران انھیں درپیش چیلنجز کا سامنا ہے لیکن اس کے باوجود اگر بلند عزائم سے حالات کا سامنا کریں تو وہ دن دور نہیں کسی بھی امور میں مرد سے کم تر یا کم فہم نہیں ہے۔ کیوں کی تاریخ گواہ ہے خواتین جس شعبہ میں بھی جائیں گی انھیں مشکلات درپیش آتی رہی ہیں۔ پھر جن خواتین نے اپنی صنفی تفریق کو بھول کر صرف فرد کے لحاظ سے مثبت سوچ کے ساتھ آگے بڑھیں گی تو کبھی ناکام نہیں ہوں گی۔

مرد ابتدا سے جسمانی اعتبار سے طاقتور آزادخیال اور بہ صلاحیت ہے اسی لیے خواتین کو گھر کی چار دیواری میں اپنے حکم کی تابعدار رکھا بلکہ امورِ خانہ داری کی تمام ذمہ داریاں بھی ان ہی کے لیے مختص کردیا۔ جس سے انہیں اپنے جوہر کو آشکارا کرنے کا موقع نہ ملا۔عرصہ دراز تک اس کی فطری اور تخلیقی صلاحیتیں دبی رہیں۔ ان حالات کے بنیادی وجوہات گھریلو ذمہ داری، ناخواندگی اور سماجی بندشیں ہیں۔خواتین اپنی صلاحیتوں کو ظاہر کرنے کا موقع پاتے ہی مردوں سے آگے قدم جمالیے مثلاً رضیہ سلطانہ ،حبہ خاتون، چاند سلطانہ، میرا بائی، لل عارفہ، تارا بائی، اہلیہ بائی، گلبدن بیگم، نور جہاں، جہاں آرا اور زیب النسا اس کی نمایاں مثالیں ہیں۔ ہماری سیاسی وعلمی تاریخیں ان کے کارناموں کی گواہ ہیں۔اردو ادب میں خواتین کے ادبی وعلمی کارناموں کا آغاز مہ لقابائی چندا، گلنار بیگم، گنا بیگم شوخ اور ملکہ زینت محل سے ہوا ان کے علاوہ شاعری میں اچپل، نزاکت، امیر بیگم ادا، منی بیگم حجاب، حسین، حور، حشمت، دلبر، زہرہ کے اسمائے گرامی اہم ہیں۔صحافت میں چند اہم بین الاقوامی خواتین صحافیوں کے نظریات جس میں ریحانہ حکیم، پاکستان کے ایک انگریزی جریدے 'نیوز لائن' کی ایڈیٹر ہے۔افغانستان کی ایک نیوز ایجنسی کی ایڈیٹران چیف فریدہ نیک زاد 2008ء میں امریکی اسٹیٹ ڈیپارٹمنٹ کا وومن آف کریج ایوارڈ حاصل کر چکی ہیں۔ٹائمز آف انڈیا' کی 'باچی کرکریا' کے مطابق خواتین پرنٹ اور الیکٹرانک میڈیا میں اپنا لوہا منوا چکی ہیں لیکن ایگزیکٹو پوزیشن پر نہیں پہنچ سکیں نہ ہی پرنٹ جرنلزم

میں ٹاپ ایڈیٹرشپ کا مقام حاصل کرسکی۔ یمنی' نادیہ' السکف یمن ٹائمنز' کی چیف ایڈیٹر کہ مطابق یمن کی صحافت میں خواتین کی صورتحال بہت حوصلہ افزا ہے۔ ماریہ ایلینا سالین اس امریکہ میں ہسپانوی زبان کی مقبول ٹیلی ویژن میزبان ہیں۔ وہ کہتی ہے مجھے مردوں کے بانسبت زیادہ کام کرنا پڑتا ہے جب کہ ادارے میں خواتین کی تعداد مردوں سے زیادہ ہیں۔ عارفہ صبح خان پاکستان کے ممتاز قومی اخبارات سے ہمیشہ منسلک بطور صحافی کالم نویس، میگزین ایڈیٹر، لیڈی رپورٹر، انچارج سیاسی تعلیمی ملی خواتین ،رسیز، ایڈمنسٹریٹر، الیکٹرونک میڈیا پر بحیثیت اگیزیکٹو پروڈیوسر، اینکرنگ اورادبی ایڈیشن بھی پیش کرتی رہیں۔اس کے علاوہ تمام میدانوں میں خواتین مردوں کے شانہ بہ شانہ اپنے قدم جمانے میں کوشاں رہی ہیں۔ جن میں دکن کے اہم اردو رسائل یہ ہیں۔

'رسالہ النِساء' یہ رسالہ انجمن خواتین کی سرپرستی میں بیگم ہمایوں مرزا کی نگرانی میں جاری ہوتا تھا بعد میں' النِساء' جاری ہوا یہی بدل کر' زیب النساء' کے نام سے جاری ہوتا تھا جس موضوعات میں خواتین کی گھریلو زمہ داریاں اورادبی ہوتے تھے۔' رسالہ خاومہ' بیگم ولی الدین احمد کی ادارت میں یہ رسالہ خواتین کی فلاحی و بہبود امورِ خانہ داری او بچوں کی تعلیم وغیرہ پر مبنی موضوعات شائع ہوتے تھے۔' رسالہ سفینہ نسوان' ۱۳۲۵ء میں شائع ہوتا تھا جس کی مصنفین رفعت زمانی بانی بیگم ملکہ، رامپور، جہاں بانو بیگم، رابعہ خاتون، سرور جہاں بہ خاتون، سرور جہاں بیگم رعنا اور حمیدہ بانو وغیرہیں۔

سرسید احمد خاں نے خواتین کی تعلیم واصلاح اور مذہبی عقائد و رسومات درست کرنے کی غرض سے 1870ء میں' تہذیب الاخلاق' اخبار جاری کیا۔ جس میں بیشتر مضامین خواتین کی تعلیم، کثرتِ ازدواج اور رفاہِ عامہ تھے۔ اس کاوش کے براہ راست اثر تعلیمی، علمی اورادبی لحاظ سے گرے جس سے وہ ہر میدانِ عمل میں آنا شروع ہوئیں۔ اس کے علاوہ شمس العلما مولوی ممتاز علی نے 1896ء میں لاہور سے ہفتہ وار رسالہ' تہذیبِ نسواں' جاری کر کے خواتین کا شعور بیدار

کیا۔ان کی بیوی محمدی بیگم اس کی ایڈیٹر تھیں۔ 1908ء علامہ راشد الخیری نے بھی خاص خواتین کے لیے دہلی سے 'عصمت' رسالے کا اجرا کیا۔ان پرچوں نے نہ صرف خواتین کی ذہن سازی کی ان کے اندر علم حاصل کرنے کا جذبہ بھی پیدا کیا۔ نتیجہ یہ نکلا کہ وہ ہر میدان میں نمایاں کارنامے انجام دیے رہی ہیں۔

آزادی کے بعد خواتین شعرا میں ادا جعفری، کشور ناہید، سیدہ اختر، شاہجہاں بانو یاد، زہرہ نگاہ، داراب بانو وفا، سلطانہ مہر، فہمیدہ ریاض، شفیق فاطمہ شعریٰ، مسعودہ حیات، جمیلہ بانو، پروین شاکر، بلقیس ظفیر الحسن، ساجدہ زیدی، زاہدہ زیدی، رفیعہ شبنم عابدی، زرینہ ثانی، ملکہ نسیم، نورجہاں ثروت، شہناز نبی، نسرین نقاش، عذرا پروین، ذکیہ سلطانہ نیر، بیگم ممتاز مرزا اور سیدہ شان معراج کے نام نمایاں حیثیت رکھتے ہیں۔ان میں بعض شاعرات ایسی ہیں جو نثر نگاری میں بھی مقبول ہوئیں۔

عہد حاضر کی دیگر مشہور شاعرات میں اوشا شفق، بشریٰ رحمٰن، زینت بشیر، عفت زریں، حسنیٰ سرور، رعنا حیدری، نور جہان ثروت، شائستہ یوسف، پروین راجہ، آشا پربھات، قمر قدیر ارم، تاجور سلطانہ تاج، شگفتہ یاسمین، شانتا بائی روشن، ڈاکٹر گرجا ویاس، یاسمین حمید، سارا شگفتہ، شاہدہ حسن، ناہید قاسمی، شفیقہ فرحت، نینا جوگن، نسیم نکہت، نفیس بانو شمع، پروین حق، نگار عظیم، عفت بانو زیبا، وہاب جعفری، بانو طاہرہ سعید، مظفر النسا ناز، کوثر جہاں کوثر، عابدہ احمد، کاظمی بانو ضیا، اسما سعیدی، عظمت عبد القیوم، نسیم مخموری کے نام اہمیت کے حامل ہیں۔ان شاعرات کی فکری سطح نہ صرف روایتی خواتین کی تصویر پیش کرتی ہے بلکہ احساسات وجذبات، گہرائی وگیرائی، نسائی رنگ وآہنگ، جذب دروں کی عکاسی کر کے مردوں کو چونکا دیا اور ان سے خراج تحسین بھی وصول کیا ہے۔

دونوں جنس کے اجتماعی عمل سے ہی معاشرے کی تشکیل ہوتی ہے۔اس لیے خواتین کی حیثیت واہمیت بھی برابر ہو۔اُن کی باہمی کوششوں اور فرائض کی انجام دہی سے ہی نظام تمدن قائم ہے۔مثلاً ڈرامے، الف لیلہ کے قصے، قدیم ادب کے نمونے اور دیگر علوم وفنون میں خواتین اہم

رول رکھتی ہیں لیکن ان کی خواہشات ، جذبات واحساسات کی ترجمانی کا عمل نہیں ملتا۔ یہی صورتِ حال میڈیا کا ہے۔ مختلف شعبوں کے تاریخی تجزیات سے معلوم ہوتا ہے خواتین کسی نہ کسی حوالے سے صحافتی موضوع رہی ہیں۔ ٹی وی سریل، ڈرامے اور سینما میں ان کی ذات اور حسن و جمال، خدوخال کی کشش، زلفوں کے پیچ وخم اور مرد سے ان کے رومانوی اور جذباتی تعلقات کو نت نئے زاویوں سے پیش بھی کیا جاتا ہے۔ لیکن ان کی بدقسمتی یہ ہے کہ صحافت کا اہم موضوع ہونے کے باوجود وہ کبھی بھی ایک فرد کی حیثیت سے صحافت میں جگہ نہیں پاسکیں۔ صحافت کا عمل خواہ تقریری ہو یا تحریری صرف وقت گزاری یا تفنن طبع کا ہی ذریعہ تھا۔ لیکن جیسے جیسے تہذیبی وسماجی ثقافت کی تبدیلیوں کے ساتھ انسان کے افکار و خیالات میں پختگی ، صلاحیتوں میں وسعت و بالیدگی اور سوچ میں نکھار آنے کے ساتھ ساتھ ترقی پسند عناصر نمایاں ہونے لگے۔ ظاہر ہے ان حالات میں صحافت کے وضع قطع میں بھی تبدیلیاں رونما ہوئیں اور نئے رجحانات بھی پیدا ہوئے۔

صحافت اپنے زمانے کی معاشرتی، معاشی اور تہذیبی زندگی کا حقیقت پسندانہ مرقع ہے جو انسانی زندگی کے گونا گوں تجربات واحساسات اور حیات آئینہ سامانی کی جتنی وسعت و گہرائی کرتی ہے۔ دوسرے اصناف سخن میں ممکن نہیں۔ صحافت نہ صرف فرد اور خاندان کی عکاسی کرتی ہے وہ پورے معاشرے سے پیدا ہونے والی مختلف النوع کیفیتوں کی جامع اور بھرپور تصویر پیش کرتی ہے۔ دوسرے لفظوں میں یہ کہا جاسکتا ہے کہ سماج کی مختلف اکائیوں کو ترتیب دے کر از سرنو زندگی کو معرض وجود میں لاتی ہے۔ معاشرے کے عصری حالات اور اس کے مسائل پر بے باک تبصرہ کرنے کے ساتھ ہی داخلی کشمکش اور نفسیاتی گتھیوں کو یکے بعد دیگرے کھولتی جاتی ہے۔ جو خارجی زندگی کے پیچ وخم، تخریب وتعمیر، شکست و ریخت اور تضاد و تصادم کی تمام پیچیدگیوں کو پیش کرنے کے ساتھ اس کے اسباب ومحرکات کی نشاندہی بھی کرتی ہے۔ اس نازک فن میں خواتین نہ صرف مردوں کے برابر خدمات انجام دے رہی ہیں۔ بلکہ کبھی کبھی موقع ملنے پر ان سے آگے بڑھ جاتی ہیں۔

آج خواتین بھیانک جنسی استحصال، گھریلو تشدد اور صنفی بنیادوں پر امتیازات کا شکار ہیں ان تمام مسائل کو چٹ پٹی سنسنی خیز خبریں بنا کر پیش کرتے ہیں۔ مصیبت کا شکار ہونے والی خاتون کے مسئلے کو اجاگر کرنے کے بجائے مقصد اخبار کی اشاعت میں زیادہ سے زیادہ اضافہ کرنے کی فکر ہوتی ہے تا کہ زیادہ نفع حاصل کر سکے۔ جس کے سبب خواتین خبروں میں بیشتر تصویروں کے ذریعہ عریاں نمائش ہوتی ہے اور فحش الفاظ سے اس کی پہچان بن رہی ہے۔ وہ بے گناہ ہونے کے باوجود سماج کے ظلم وستم کی چکی میں پستی ہیں، باکردار ہونے کے باوجود یہ خرید و فروخت کی چیز بن چکی ہیں۔ اُن کے خلاف جرائم کے ارتکاب کی خبریں سنسنی خیز انداز میں چھپتی ہیں۔ اگر لباس کم پہنے تو اسے تیزاب ڈال کر جلایا جاتا ہے تب بھی میڈیا انہیں بے پردہ ہونے کا جرم عائد کرتی ہیں سبب یہ بیان کرتی ہے اسلامی قوانین کی پابندی نہیں کی۔ جب کہ مرد کھلے عام شراب نوشی، بدکلامی اور برے کاموں میں ملبّث ہیں پھر بھی میڈیا یا سماج معیوب نہیں سمجھتا۔

میڈیا عدالت کے فاصلے سے پہلے مقتول خاتون کو ایسی خوبرو حسینہ قرار دیتا ہے جو آشنائی کے جرم میں ہلاک ہوئی۔ مجرموں کی تلاش کے بجائے کسی نہ کسی طرح گناہگار خاتون کو ہی قرار دی جاتی ہے۔ جرائم کے تمام خبروں میں نمایاں شکار ہونے والی خاتون کا حسن اور اس کی جوانی کو ہی بنیادی محرک قرار دے کر مردوں کو ظلم و جبر اور درندگی پر اکسانے کا الزام دیتی ہے۔ مرد کا فعال اور مثبت کردار پیش کیا جاتا ہے۔ خواتین کو بیشتر Sex کی علامت کے روپ میں پیش کیا جاتا ہے۔ اُن کے ساتھ کتنا ہی بڑا گھناؤنا بھیانک جرم کیوں نہ ہوا اصل مجرم خاتون کو ہی ٹھہرایا جاتا ہے۔ میڈیا ہمیشہ یہ دکھاتی ہے کہ عورت کا وجود اس قدر اشتعال انگیز اور فتنہ پرور ہے کہ اسے دیکھتے ہی مرد اپنے آپ پر قابو نہیں رکھ سکتا۔ خواتین کے ساتھ ہو رہے تشدد سے متعلق ڈاکٹر آمنہ تحسین نے لکھا ہے۔ عورت کے خلاف تشدد کو بین الاقوامی خواتین تحریکمیں زیرِ بحث لایا گیا۔ اس تحریک میں تمام فیمنسٹوں نے یہ نتیجہ نکالا کہ تشدد کا یہ ایک سسٹم ہے جو صدیوں سے سماج میں کئی طرح سے مروج ہے۔ جیسے ہندوستان میں ستی کی رسم دیوداسی نظام، چین میں لڑکیوں کے پیر

باندھنے کی رسم، افریقہ میں لڑکیوں کے نسوانی اعضاء کو کاٹ ڈالنا(Genital Mutilation)یورپ میں جادو کے لیےعورتوں کو ہلاک کرنا وغیرہ۔' میں یہ سمجھتا ہوں کہ میڈیا اور قانون خواتین کی اہمیت کم کرر ہا ہے۔میں ان سے یہ سوال کرتا ہوں اگر ہر قیدی خاتون مجرم ہےتو مرد کیوں نہیں۔؟ مردوں کو جرم غلط ثابت ہونے پر قانون انہیں باعزت بری کیوں کرتا ہے۔؟ یہ بھی سچ ہے کہ خواتین کو قانون اگر باعزت بری کر بھی دےتو کیا یہ سماج اسے قبول کرے گا۔؟ ایسے کئی سوال ہیں جو انسانیت پر کارِ ذر لگا رہیں ہیں۔

تحقیق کی بنا پر اردو اخبارات کے اداراتی صفحے پر خواتین کے سیاسی، سماجی، اقتصادی، قانونی اور بین الاقوامی مسائل پر مضامین کے بلیک آوٹ کا بڑا سبب یہ ہے کہ ہمارے بیشتر اخبارات کے اداراتی صفحوں کی نگرانی ان صحافیوں کے ہاتھ میں ہے جو بلاواسطہ یا بلواسطہ بنیاد پرست یا رجعت پسند نیم مذہبی سیاسی جماعتوں سے تعلق رکھتے ہیں۔ ہمارے مذہبی حلقوں سے زیادہ کون ہے جو خاتون کے باشعور اور اپنے حقوق کے حصول کے لیے پرعزم ہونے سے خو فزدہ ہے۔ چنانچہ ان حلقوں سے وابستہ صحافی اس بات پر کڑی نظر رکھتے ہیں کہ اداراتی صفحے پر خواتین کے حقیقی مسائل اشاعت پذیر نہ ہوں۔ پاکستان کے ایک اخبار میں مارچ ۱۹۲۸ کو ڈاکٹر اسرار احمد نے انٹرویو میں یوں کہا تھا'' پاکستان حقیقی اسلامی ریاست اسی وقت بن سکتی ہے کہ جب تمام ملازمت پیشہ خواتین کو جبری طور پر ریٹائر کر کے گھر بھیج دیا جائے۔''جب کہ یہ اخبار ملک کے سب سے کثیر الاشاعت میں سے ہے۔اس طرح ہر دن کسی نہ کسی اخبار میں خواتین کے خلاف کاروائی کی جاتی ہےجس کی کوئی سنوائی نہیں ہوتی۔

پاکستان کے انگریزی اخبارات میں خواتین کیساتھ ہونیوالی ناانصافیوں کیخلاف کچھ مرد صحافیوں کے ساتھ ساتھ کچھ پڑھی لکھی باشعور خواتین صحافیوں نے کام کرنا شروع کیا ان اخبارات و جرائد جن کی اشاعت کا تناسب صرف ۱۲ فیصد ہے اور جو ہمارے طبقہ اعلیٰ میں پڑھے جاتے ہیں۔ان میں دیہی اور شہری خاتون کی حالت زار بیان کی جاتی ہے۔امتیازی قوانین کی

ماری ہوئی اور رسم و رواج کے شکنجے میں جکڑی ہوئی خاتون کی کمزور آواز کو صحافیوں کی مدد سے خواتین تنظیموں، وکیلوں اور حقوق انسانی کی انجمنوں کے ساتھ مل کر ملک کے بنیاد پرست اور انتہا پسند عناصر کی خاتون دشمنی کے خلاف مسلسل جنگ لڑ رہی ہیں۔

ہندوپاک کی صحافت میں خاتون کا عمومی رویہ اس قدر روائتی اور تاجرانہ ہے۔شائد اب دنیا کے لیے انوکھی بات نہیں ہے۔تمام ترقی یافتہ اور ترقی پذیر ملکوں کی صحافت خواتین کو خوش سلیقہ بیوی، مشفق ماں یا دل پھینگ محبوبہ کے روپ میں پیش کرتی ہیں جیسے وہ خوبصورت گھریلو قیمتی ساز وسامان، مہنگے لباس اور سیر و تفریح کی دلچسپی رکھنے والی چیز ہو۔جب کہ خواتین آزادی کی لڑائی کے دوران ہندوستان میں بیگم حسرت موہانی زلیخا بیگم اور بی بی ماں وغیرہ نے حقوق نسواں سے متعلق سیاسی، سماجی، اخلاقی، تہذیبی، تعلیمی، معاشرتی اور معاشی شعور بیدار کیا ہے۔قوت کے علاوہ قلم کا بھی بھرپور استعمال کیا جن میں بیگم حجاج امتیاز علی، بنت نذر الباقر (والدہ قرۃ العین حیدر) اور سروجنی نائیڈو کا نام بھی صحافت میں نمایاں ہے۔

آزادی کے بعد انگریزی صحافت میں بیگم انیس جنگ، نکہت کاظمی، ہمرہ قریشی اور سعدیہ دہلوی ،سیما مصطفیٰ ہمہ وقتی صحافی ہیں۔اس ملک میں ریڈیو اور ٹیلی ویژن کی خبروں کے ذریعے روشن آرا، کشور سلطانہ، سلمیٰ، صالحہ، وسیم اور نور جہاں ثروت اپنے قلم کی نوک سے مظالم کے خلاف آواز اٹھائیں۔پھر بھی مردانہ برتری کا یہی نشہ ہے جس کے سبب مغربی ممالک کے اخبارات کا رویہ ہمارے یہاں کیا خبار مالکان سے کچھ مختلف نہیں ہوتا ایسے ہی ناپسندیدہ اور خاتون مخالف رجحانات سے لڑنے کے لیے یورپ اور امریکہ میں باشعور اور اعلیٰ تعلیمی یافتہ خواتین نیہر سطح پر اپنے پریشر گروپ بنائے اور اخبارات ورسائل میں چھپنے والے مواد پر نظر رکھنے کا کام شروع کیا۔

آج پوری دنیا یہ تسلیم کرتی ہے صحافت میں اشاعتی ادارے ہوں یا ریڈیو اور ٹیلی ویژن ہر نوع کے ذرائع ابلاغ میں خاتون کے ساتھ امتیاز برتنے میں پیش پیش ہیں۔ان کو روایتی کردار کے علاوہ کسی اور رنگ میں دیکھنے کے لیے تیار ہی نہیں بلکہ اور مستحکم کرنے کی ہر ممکن کوشش کرتے

ہیں۔ اسی رویے نے ۱۹۵۷ کے دوران میکسیکو میں خواتین کی عالمی کانفرنس میں شریک ہونے والیوں کو مجبور کیا چنانچہ اس زمن میں قرارداد نمبر ۹۱ منظور کی گئی جس کے مطابق 'یہ کانفرنس تمام ملکوں کے سربراہوں سے درخواست کرتی ہے کہ وہ اپنے اپنے ملکوں میں ذرائع ابلاغ کو ہدایت کریں کہ خاتون کا بہتر کردار پیش کیا جائے۔ تجارتی مقاصد کے لیے محض ایک نمائش کے طور پر خاتون کا استعمال بند کیا جائے تا کہ سماج عورت اور مرد کے درمیان صحت مند مسابقت فروغ پا سکے۔ اس مسابقت کو عمومی فلاح کے لیے استعمال کیا جا سکے۔ آج قابل منطقی ذہن رکھنے والی اور اپنے کام میں انتہائی بلندیوں تک پہنچنے والی مغربی میڈیا نے بھی عورت کو محبوبہ ہی سمجھا ہے۔ وہاں بھی مردانہ برتری کا رویہ نہایت خلاف ہے جو ذہین خواتین کے مخالف امتیازی رویہ اختیار کرنے یا منفی اصطلاحات استعمال کرنے سے باز نہیں رہتا۔ ماہر طبعیات خاتون کو نوبل انعام دیا گیا تو اگلے دن اخبارات میں اس کی جو تصویر چھپی نیچے یہ لکھا گیا' دادی اماں نوبل انعام لیتے ہوئے۔'' خواتین کے بارے میں یہ امتیازی رویہ نہ صرف امریکہ میں برتاؤ ہے۔ بین الاقوامی سطح پر یہی صورتِ حال ہے۔

خواتین کی یہ دردناک داستان حکمرانوں کی نگرانی میں ہی پائے تکمیل کو پہنچتی ہیں۔ عام شہری اور بہ طور خاص دیہی خاتون اپنے گھروں، کھیتوں، سڑکوں اور بازاروں میں محفوظ نہ رہ سکی۔ جو خواتین چادر اور چار دیواری کا ڈھول پیٹ رہی تھی، اسی دور میں ہندو پاک کی مظلوم دیہی خاتون پر بالادست طبقوں کے افراد وہ شرمناک مظالم ڈھا رہے تھے کہ ان کی تفصیل میں جانا ممکن نہیں، نواب پور، لطف پور، قصور، ملتان، خان پور یہ شہروں، قصبوں اور دیہاتوں کے نام نہیں، پاکستانی قوم کے ناسور ہیں۔ یہ وہ علاقے ہیں جہاں بے گناہ اور بے کس، بے آسرا و بے زبان لڑکیوں اور بوڑھی خواتین کو جانوروں کی طرح گھسیٹ کر ان کے گھروں سے باہر لایا گیا، ان کے لباس تار تار کیے گئے اور پھر عالم برہنگی میں انہیں ان گلیوں میں پھرایا گیا جو ان کی عفت و عصمت کی گواہ تھیں۔ ان برہنہ جلوسوں کے ناظرین انہی خواتین کے باپ، شوہر، بھتیجے اور پڑوسی

تھے۔ یہ وہ خواتین ہیں جن کے لیے سورج سوا نیزے پر آیا اور جن کے لیے یہ قیامت کا دن تھا۔ یہ وہ تھی جنہیں احساس ذلت اور احساس بے بسی نے خودکشی کرنے پر مجبور کیا۔ یہ پاکستانی مسلمان خواتین تھیں۔ اگر ہندوستان کی بات کریں تو یہ غلط نہ ہوگا کے گجرات فسادات ہو یا آسام اور برما فسادات صرف مذہب کے نام پر مسلمان خواتین کے ساتھ کئی طرح طرح کی زیادتیاں کی گئیں۔ خواتین کی اس پسماندگی کی مجرم دونوں ملکوں کی حکومتیں ہیں۔ جنس کو سماج الگ الگ حصوں میں تقسیم کرتا ہے اس سلسلے میں تانیثی ناقید سیمون دی بوار کیا خوب کہا ہے''عورت پیدا نہیں ہوتی بلکہ اسے بنایا جاتا ہے'' جب کہ یہ حقیقت ہے دونوں صنف میں حیاتیاتی فرق ہے۔ لیکن انسانی یا مذہبی نہیں۔

ماحصل: صحافت کا دائرہ کار میں وسعت اسی وقت آسکتی جس خواتین کی ملک گیر تحریک چلائی جائے۔ جس سے ملک کی خواتین کی بھاری اکثریت جاہل، بے شعور اور پا ماند ہو، وہاں ان کی سماجی اور معاشی حالت میں بہتری ہونا مشکل ہے وہ صرف خواندہ خواتین کے ذریعے ہی ممکن ہے۔ ہزار ہا سال سے خواتین کو سر فگندہ رکھنے کی مذہبی اور سماجی روایات نے خواتین کی اکثریت کو تقدیر پرست بنا دیا ہے، اب انہیں باہر نکالنے کا واحد ذریعہ تعلیم ہے کیوں کہ تعلیم ہی روح کو وہ روشنی دیتی ہے جس سے مفلسی اور بے بسی کے اندھیرے دور کیے جاسکتے ہیں۔

خواتین سے متعلق چھپنے والی خبروں میں خاص جرائم کی شکار ہونے والی خواتین، توہین آمیز اور اشتعال انگیز نوعیت کی خبروں پر احتجاج کریں بلکہ اس کام کے لیے صحافیوں کی پیشہ وارانہ تنظیموں سے تعلق رکھنے والے باضمیر، روشن خیال اور مصنف مزاج مرد صحافیوں کا تعاون بھی حاصل کریں۔ یہ اس لیے بھی ضروری ہے کہ خواتین کو کسی مرحلے پر بھی یہ فراموش نہیں کرنا چاہیے کہ ان کی جدوجہد مردوں کے خلاف نہیں بلکہ اس نظام کے خلاف ہے جو مردوں کو اتنے زیادہ اختیارات دے دیتا ہے۔

اردو صحافت میں ان مسائل کے بارے میں بھی کھلی بحث کا آغاز ہونا چاہیے کہ خواتین

کے لیے مخصوص نشستیں ہوں یا وہ براہ راست انتخابات کے ذریعے اسمبلیوں میں پہنچیں۔ یہ مسئلہ بھی زیر بحث آنا چاہیے کہ خواتین جو ملک کی آبادی کا نصف حصہ ہے۔کیوں نہ سیاسی جماعتوں کو اس بات کا پابند کیا جائے کہ وہ ٹکٹ دیتے ہوئے خواتین کو بھی مناسب تعداد میں ٹکٹ دیں۔ خواتین کی حالت زار کا ایک بہت بڑا سبب یہ ہے کہ مقنّنہ میں ان کی آواز صدا بہ صحرا ہے۔ فیصلہ کرنے کی، امتیازی قوانین کو منسوخ کرنے اور خواتین کے لیے قوانین وضع کرنے اور انہیں نافذ کرنے کی قوت خواتین کے پاس موجود نہیں، اس لیے وہ آبادی کی تقریباً نصف ہونے کے باوجود سماج میں ہونے والی ترقی اور خوشحالی کے ثمرات سے محروم ہیں۔

میں نے اب تک جتنی تجاویز پیش کیں ان کا مخاطب صاحبان اقتدار سے ہے جن کی دہری چال کی وجہ سے خواتین پر کی ظلم وزیادتی مسلسل ہوتی رہتی ہے، ان منافق مردوں نے نجی محفلوں میں خواتین کے حقوق کے لیے بڑی بڑی باتیں کرتے ہیں لیکن جب عملی ضرورت ہو تو منظر سے غائب ہوتے ہیں۔ جو مرد خواتین کی برابری کی باتیں کر رہیں ہیں انہیں اس بات کا اندازہ ہونا چاہئے کہ آج بھی ہندو پاک کی خواتین صدیوں پرانی رسم ورواج کی زنجیروں سے ابھی آزاد نہیں ہوئی۔اس وقت زمینی حقیقت یہی ہے کہ ابھی لڑکیوں اور خواتین کی خواندگی کی شرح میں انقلابی اضافہ نہیں ہوسکا ہندو پاک کی خواتین کی سماجی حیثیت میں بہتری کے لیے فوری طور سے ٹیلی وژن کے پروگراموں سے بڑے سے بڑا کردار ادا کر سکتے ہیں۔کیوں کہ انہیں دیکھنے اور سمجھنے کے لیے کسی رسمی تعلیم کی ضرورت نہیں ہوتی۔

کسی بھی سماج کی تعمیر اور تہذیب نفس میں خاتون بنیادی کردار ادا کرتی ہے، وہ سماج جو اپنی خواتین کی زندگی دشوار سید شوار کرتا جارہا ہے، اس کی توہین، تضحیک اور تذلیل کو اپنا وتیرہ بنا رہا ہے، اگر عورت اور مرد ایک دوسرے کو نیچا دکھانے اور شکست دینے کے عمل میں اپنی تمام تخلیقی توانائیاں صرف کرتے ہیں تو اس کا نتیجہ یہ ہوگا کہ سیاسی، اقتصادی، تہذیبی اور تمدنی پسماندگی اس سماج کا مقدر بن جائیگی۔اسی لیے آج ہندوستان میں اردو صحافت بے انتہا زرخیز ہے۔صحافت

اس وقت ہندو پاک کے کالجوں اور یونیورسٹیوں میں باقاعدہ نصاب میں شامل ہے، اس کے علاوہ سمینار، سمپوزیم و ورک شاپ کیے جارہے ہیں۔

ڈاکٹر جان نثار معین
(شعبہ مطالعات نسواں مولانا آزاد اردو یونیورسٹی حیدر آباد)

اُردو شاعری اور میڈیا میں عورت کی پیشکشی

وجودِ زن سے ہے تصویر کائنات میں رنگ

شاعر مشرق علامہ اقبال کے کہے گئے شعر کا یہ ایک مصرعہ قدرت کی انمول تخلیق ''عورت'' کی عظمت اور اس کی اہمیت کو اجاگر کرنے کیلئے خود میں ایک گہرا خزانہ ہے، اس خزانے میں عورت کے وجود اور اس کی خوبیوں کو جاننے کے لئے جتنے موتیوں اور زیورات کو ٹٹولا جائے گا تو اتنے ہی خوشگوار راز پر سے پردے ہٹتے جائیں گے۔ کائنات میں عورت کے مختلف روپ موجود ہیں۔ عورت کبھی ماں کے روپ میں نسل آدم کے سلسلے کو قیامت تک جاری رکھنے کا وسیلہ ہے تو یہ ہی عورت کبھی بیوی کے روپ میں زندگی کے خوشگوار سفر کے آغاز کا ذریعہ بنتی ہے۔ عورت کبھی بہن ہے تو کبھی بیٹی کی شکل میں ہماری زندگی کو مکمل کرتی ہے۔ یہ ہی وہ عورت ہے جو کبھی محبوب بن کر شاعر کے حسین خیالات کو اشعار کی شکلوں میں اوراق میں قید کرتی ہے۔ روز اول سے ہی

عورت کا وجود کائنات کے لئے ایک اہم حصہ رہا ہے۔عورت کے مختلف روپ، اوصاف، اس کی عظمت، نسلوں کو بنانے میں اس کے کردار، عورت کی حفاظت، آزادی کے نام پر اس کو بے پردہ کرنے کی سازش اور اس کے نقصانات کے بیسیوں اشعار سے ہماری اُردو شاعری بھری پڑی ہے۔

اُردو شاعری کی ایک ہم صنف ''غزل'' ہے۔غزل کو رشید احمد صدیقی نے اُردو شاعری کی آبرو کہا ہے۔اب جبکہ غزل اُردو شاعری کی آبرو ہے تو غزل میں محبوب سے محبت، اس کی جدائی، ہجر و وصال کی داستانیں جنم لیتی ہیں۔جدائی کا کرب، محبوب کو کھو دینے کا غم زندگی کا وبال بن جاتا ہے۔تقریباً تمام ہی شعراء کے کلام میں یہ کیفیت بدرجہ اتم موجود ہے۔جب بات غزل کی ہوتی ہے تو زن کی طرف ذہن خود بہ خود چلا جاتا ہے چوں کہ لغوی اعتبار سے غزل کے معنی ہی عورتوں سے باتیں کرنے کے ہیں۔غزل کو ہمیشہ ہی سے اُردو شاعری میں بلند مقام حاصل رہا ہے۔ ویسے تو غزل میں حسن و عشق کی داستانیں رقم کی جاتی رہی ہیں لیکن غزل کبھی بھی عشقیہ مضامین تک محدود نہیں رہی بلکہ اس میں زندگی کے تمام مسائل کو بہ خوبی بیان کرنے کی قدرت ہے۔اردو کے پہلے صاحبِ دیوان شاعر محمد قلی قطب شاہ سے لے کر شاعر مشرق علامہ اقبالؔ کے کلام میں ہمیں ''وجودِ زن'' کے بیسیوں اشعار مل جاتے ہیں۔ اکبر الہ آبادی، الطاف حسین حالیؔ، میر تقی میرؔ، مرزا اسد اللہ خاں غالبؔ، حسرتؔ موہانی، مرزا محمد رفیع سودا، فانی بدایونی کے علاوہ ہر دور کے شاعر کے کلام میں ''وجود زن'' اور اس کے مختلف روپ، جمال و حیا، اہمیت و افادیت، آزادی نسواں کے نام پر شر کے پھیلنے کے خطرات جیسے سبھی موضوعات بہ آسانی مل جاتے ہیں۔

اُردو شاعری میں 'وجودِ زن' ایک اجمالی موضوع دکھائی دیتا ہے لیکن
ہر شاعر کے افکار، جمالیاتی احساسات، نکتہ نظر اور اشعار کہنے کا انداز جداگانہ
ہے۔ تو آیئے اُردو شاعری کے اُفق کے چند روشن ستاروں کے کلام میں "وجودِ
زن" کا ایک سرسری جائزہ لیتے ہیں۔

محمد قلی قطب شاہ کی شاعری میں عورت

جب ہم محمد قلی قطب شاہ کا ذکر کرتے ہیں، تب ذہن کے دریچوں میں
بہت ہی اہم کتاب "محمد قلی قطب شاہ کی جمالیات" جلوہ گر ہوتی ہے۔ اس
کتاب کے مصنف ڈاکٹر شکیل الرحمٰن ہیں جن کا جمالیات کے حوالے سے اُردو
ادب میں ایک خاص مقام و مرتبہ ہے۔ ان کی اس کتاب کو پڑھنے کے بعد محمد
قلی قطب شاہ کا تصور کھل کر سامنے آجاتا ہے کہ قلی قطب شاہ نے عورت کو کس
انداز میں دیکھا ہے اور اس کے کون کون سے روپ حکمراں کو بھائے
ہیں۔ ڈاکٹر شکیل الرحمٰن لکھتے ہیں کہ اس کا جمال محمد قلی قطب شاہ کی شاعری کی
جمالیات کا مرکز ہے۔ ایک بڑے حسن پسند اور حسن پرست اور ایک حیرت انگیز
رومانی ذہن کے اس شاعر نے عورت اور اس کے جمال کو جیسے اپنے وجود میں
جذب کر لیا تھا۔ ان کے کلام میں رنگ و نور، نغمہ و آہنگ اور خوشبوؤں کی جو دنیا
ملتی ہے وہ اسی جذبی کیفیت کی دین ہے۔ شاعر کی حسن پسندی نے ماحول کے
تمام حسن کو سمیٹ لیا ہے۔ ڈاکٹر شکیل الرحمٰن محمد قلی قطب شاہ کی شاعری کی
خاصیت کو اس طرح بیان کرتے ہیں کہ محمد قلی قطب شاہ کی شاعری میں عورتوں
سے متعلق جو الفاظ استعمال ہوئے ہیں وہ مٹھاس اور شیرینی لیے ہوئے ہیں۔
مثال کے طور پر یہ شعر۔

چمن پھول سب باس خوشبو پائے
سگھڑ سندری جب اپس کیس کھولے

عورت کے تعلق سے یہ اشعار شاعر کے گہرے رومانی، جمالیاتی ذہن کو بڑی شدت سے نمایاں کرتے ہیں۔

پیا کے نین میں بہوت چھند ہے
او دو زلف میں جیو کا آنند ہے
سجن یوں مٹھانی سوں بولے بچن
کہ اس خوش بچن میں لذتِ قند ہے

قلی قطب شاہ کی شاعری میں عورت کا حسن و جمال، ناز و انداز پنہاں ہے۔ انہوں نے عورت کو اسی انداز میں دیکھا، اس کے حسن و شباب کے گیت گائے ہیں۔

اقبالؔ کا تصوّرِ زن:

علامہ اقبالؔ کی عظمت کے متعلق ناقدین و ماہرین کی متفقہ رائے یہ ہے کہ ان کا شمار دنیا کے ان عظیم شعراء میں ہوتا ہے جن کی امتیازی شان پر کوئی حرف گیری نہیں ہوسکتی۔ اللہ تعالیٰ نے انہیں جس صلاحیت اور ذہانت و فطانت سے مالا مال کیا تھا، وہ عمیق نظری کے ساتھ ہمہ گیری لیے ہوئے تھی، وہ فلسفہ تاریخ اور ادبیات کے معتبر عالم اور باکمال استاد تھے، عربی، فارسی اور اُردو کے علاوہ مشرق و مغرب کی دوسری زبانوں سے بھی پوری واقفیت رکھتے تھے۔

علامہ اقبالؔ کے کلام میں ایسی روح کارفرما ہے جن سے قومیں بیدار ہوتی ہیں۔ انہوں نے خوابیدہ قوم کو جگانے کی کام یاب

سعیِ مسلسل کی ہے۔ان کی تخلیقات وتصانیف میں گہرائی، فکرانگیزی اورشاعرانہ عظمت پنہاں ہے۔علامہ اقبالؔ نے ''عورت'' کی خلوت و جلوت، آزادیِ نسواں اورعورت کی حفاظت کے حوالے سے کچھ اشعار کہے ہیں۔علامہ اقبالؔ کواچھی طرح احساس تھا کہ عورت کا کیا مقام ہے۔''ضرب کلیم'' میں جہاں مختلف موضوعات تعلیم وتربیت علم وعشق، مشرق ومغرب، یورپ اور یہود، جہاد، حیات ابدی، اجتہاد جیسے اہم عنوانات پر روشنی ڈالی گئی ہے، وہیں اقبالؔ نے عورت کی زبوں حالی پربھی شاعرانہ نظرکی ہے۔اقبالؔ کا تصورِزن کچھ اس طرح ہے کہ

اک زندہ حقیقت مرے سینے میں ہے مستور
کیا سمجھے گا وہ جس کی رگوں میں ہے لہو سرد
نے پردہ ، نہ تعلیم ، نئی ہو کہ پرانی
نسوانیتِ زن کا نگہباں ہے فقط مرد
جس قوم نے اس زندہ حقیقت کو نہ پایا
اس قوم کا خورشید بہت جلد ہوا زرد

آزادیِ نسواں کے نقصانات سے اکبرالہ آبادی کی طرح ڈاکٹر علامہ اقبالؔ بھی پریشان ہیں اورانہوں نے عورتوں سے آزادی کے حوالے سے ایک سوال کیاہےکہ قیمتی کیا چیز ہے؟اس کا فیصلہ عورت کوہی کرنا ہے ۔

اس بحث کا کچھ فیصلہ میں کر نہیں سکتا

گو خوب سمجھتا ہوں کہ یہ زہر ہے وہ قند
کیا فائدہ، کہہ کے بنوں میں اور بھی معتوب
پہلے ہی خفا مجھ سے ہیں تہذیب کے فرزند
اس راز کو عورت کی بصیرت ہی کرے فاش
مجبور ہیں معذور ہیں ، مردانِ خردمند
کیا چیز ہے آرائش و قیمت میں زیادہ
آزادیِ نسواں کہ زمرد کا گلو بند

اقبال کا تصورِ زن اس کے دکھ درد ہیں وہ ایک طرف اس کے بارے میں یہ کہتے ہیں کہ ؂

وجودِ زن سے ہے تصویرِ کائنات میں رنگ
اسی کے ساز سے ہے زندگی کا سوزِ دروں

یقیناً علامہ اقبالؔ نے تصویر کا سامنے کا رخ دکھایا ہے اور یہ رخ اپنی جگہ سچائی کے رنگ سمیٹے ہوئے ہے کہ عورت کے بغیر کائنات کے رنگ پھیکے ہیں یعنی اس کی اہمیت و مرتبہ اپنی جگہ مسلمہ ہے لیکن اس کے ساتھ ہی اقبالؔ کو عورت کی مظلومیت نے غم ناک کر دیا ہے اور مغربی تہذیب کے اثرات جو عورت پر رونما ہوئے تھے، اس کا ذکر انھوں نے گہرے دکھ کے ساتھ کیا ہے کہ ؂

جوہرِ مرد عیاں ہوتا ہے بے منت غیر
غیر کے ہاتھوں میں ہے جوہرِ عورت کی نمود
راز ہے اس کے تپ غم کا یہی نکتِ شوق
آتشیں لذتِ تخلیق سے ہے اس کا وجود
میں بھی مظلومیِ نسواں سے ہوں غمناک بہت
نہیں ممکن مگر اس عقدِ مشکل کی کشود

غالبؔ کا وجودِ زن:

اُردو غزل کا روشن ستارہ مرزا اسد اللہ خان غالبؔ شاعری کے افق پر صدیوں سے جلوہ گر ہے اور اس حقیقت سے کسی کو انکار نہیں کہ میرؔ کے بعد غالب اُردو شاعری کے میدان میں سب سے بلند اور منفرد نظر آتے ہیں۔ غالبؔ فطرت کی کھلی کتاب کا اپنے علم اور مشاہدات کی روشنی میں جائزہ لیتے ہیں۔ غالبؔ کی شاعری مختلف رنگوں اور موضوعات کے تنوع سے مرصع ہے۔ بلاشبہ وہ ایک آفاقی شاعر ہیں۔ غالبؔ کی شاعری میں محبت والفت اور اس کی رونقیں جا بہ بجا موجود ہیں۔ ان کے تصورِ زن کو دیکھنے کے لیے غالبؔ کی شاعری کا مطالعہ اور اس کا احاطہ کرنا نہایت ضروری ہے۔ ان کا مشہورِ زمانہ شعر جس میں انہوں نے یہ وضاحت بے حد خوب صورتی کے ساتھ کی ہے کہ مریضِ عشق اپنے محبوب کی جدائی میں بیمار پڑ گیا ہے اور اس کا علاج صرف اور صرف اس کی دید ہے، محبوب کی دید شاعر کے لیے تحفۂ عید ثابت ہوگی۔ وہ کہتے ہیں ؎

ان کے دیکھے سے جو آ جاتی ہے منہ پر رونق
وہ سمجھتے ہیں کہ بیمار کا حال اچھا ہے

میرؔ کے پاس وجودِ زن:۔

میر تقی میرؔ غزل کے میدان میں سب سے زیادہ کامیاب رہے ہیں۔ ان کا مزاج غزل کے مزاج سے خاص مناسبت رکھتا تھا۔ غزل سے خصوصی رغبت کی وجہ سے انھیں دوسری اصنافِ سخن کے مقابلے میں غزل میں نمایاں کامیابی حاصل ہوئی۔ دوسرے شعراء سے ان کا انداز مختلف ضرور ہے لیکن احساسات و جذبات ہرگز مختلف نہیں۔ وہ بھی اپنے اندر ایک نازک وحساس دل رکھتے ہیں۔ جب کبھی کوئی انھیں تکلیف پہنچاتا ہے تو وہ بھی کرب سے چیخ اُٹھتے ہیں اور یہ غم و

تکلیف ان کی شاعری میں بے حد نفاست کے ساتھ جگہ بنالیتی ہے۔ ویران دل کا حال اس طرح بیان کررہے ہیں ؎

دل کی ویرانی کا کیا مذکور ہے
یہ نگر سو مرتبہ لوٹا گیا

میرؔ کو محبوب کی اَدھ کھلی آنکھوں میں شراب کا نشہ نظر آتا ہے۔ وہ اس کی نشیلی آنکھوں کے دیوانے ہیں اور اسی دیوانگی نے ہی ان سے یہ شعر کہلوایا ہے ؎

میر اُن نیم باز آنکھوں میں
ساری مستی شراب کی سی ہے

انھوں نے اپنے محبوب کی جدائی کے قصے کو اس طرح شعر کے سانچے میں ڈھالا ہے ؎

جب نام ترا لیجیے تب چشم بھر آوے
اس طرح کے جینے کو کہاں سے جگر آوے

اکبرؔ الہ آبادی کا وجود زن:

اکبرؔ الہ آبادی نے اپنی شاعری کے ذریعے اپنی اعلیٰ فکر کا اظہار کیا اور مغربی تہذیب وتمدن کا جو سیلاب بہتا چلا آرہا تھا، اس کے آگے بند باندھنے کی کوشش کی۔ انہوں نے قوم کو اس طرح احساس دلایا ہے۔ عورتوں کا مغربی تعلیم اور طرزِ فکر کو اپنانے کے شوق نے اکبرؔ کو یہ کہنے پر مجبور کردیا ؎

حامدہ چمکی نہ تھی انگلش سے جب بیگانہ تھی
اب ہے شمعِ انجمن پہلے چراغِ خانہ تھی

اکبرؔ الہ آبادی نے اس نکتے طرف توجہ دلانے کی کوشش کی ہے کہ جب مغربی تہذیب کو اپنانے سے شرم وحیا، تہذیب وتمدن کا جنازہ نکالا جارہا تھا اور بھلے برے کی تمیز مٹتی جارہی تھی تو ان حالات میں وہ یہ کہنے پر مجبور ہوئے ؎

پردہ اٹھا ہے ترقی کے یہ سامان تو ہیں
حوریں کالج میں پہنچ جائیں گی غلمان تو ہیں
پریوں کا شوق ہے نہ مجھے فکرِ حور ہے
کالج سے ہے نجات تو ذکرِ حضور ہے

ہر ذی شعور اس حقیقت سے واقف ہے کہ گھر کا ماحول، تعلیم و تربیت ہی ایک عام انسان کو خاص انسان بنا دیتی ہے۔ اس بات کا اظہار اکبر الٰہ آبادی نے اپنے اشعار میں شاعرِ مشرق علامہ اقبالؔ کے حوالے سے کیا ہے اور انھوں نے ان کے والدین کی خوبیوں کا بھی اس انداز میں اعتراف کیا ہے ؎

حضرتِ اقبالؔ میں جو خوبیاں پیدا ہوئیں
قوم کی نظریں جو ان کے طرز کی شیدا ہوئیں
یہ حق آگاہی، یہ خوش گوئی، یہ ذوقِ معرفت
یہ طریقِ راستی خود داری بے تمکنت
اس کے شاہد ہیں کہ ان کے والدین ابرار تھے
با خدا تھے ، اہلِ دل تھے ، صاحبِ اسرار تھے

سوؔدا کے کلام میں وجود زن:

مرزا محمد رفیع سوؔدا کی غزلیات عشقی جذبات سے مزین ہے۔ ڈاکٹر شمس الدین صدیقی سوؔدا کی غزل گوئی پر بحث کرتے ہوئے تحریر کرتے ہیں۔
''سودا کی غزلیات کا ایک حصہ جہاں خارجیت، معنی آفرینی، خیال بندی، تمثیل نگاری، سنگلاخ زمینوں میں سخن تراشی، قصیدے جیسے انداز اور بیان پر مشتمل ہے، وہاں ایک حصہ ایسا بھی ہے جو تجربات اور پُر خلوص جذبات کا آئینہ دار

معلوم ہوتا ہے۔ یہاں بھی عشق کی ہی کہانی کو کچھ اس طرح بیان کیا گیا ہے ؎

عشق سے تو نہیں ہوں مَیں واقف
دل کو کچھ شعلہ سا لپٹتا ہے
جس روز کسی اور پہ بیداد کرو گے
یہ یاد رہے ہم کو بہت یاد کرو گے

حسرتؔ موہانی کا تصورِزن:

حسرتؔ موہانی اور غزل کو لازم وملزوم کہا جا سکتا ہے۔ اس کی وجہ حسرتؔ موہانی کا غزل سے جنون کی حد تک عشق ہے۔ حسرتؔ موہانی نے غزل کے مردہ جسم میں نئے سرے سے روح پھونک کر اسے وہ توانائی بخشی کہ اُردو کی دوسری اصنافِ سخن اس سے آنکھیں ملانے کی ہمت نہ کر سکی۔ حسرتؔ کے رنگارنگ دیوان میں عشق کا رنگ بھی بڑا گہرا نظر آتا ہے۔ ان کے تصورِ زن کو آنکھوں میں بسانے اور دل میں اُتارنے میں کہ ان کا کلام دل میں بسنے کے ہی قابل ہے فیض کی غزلیں شگفتگی و نغمگی سے آراستہ ہیں۔ وہ بھی محبت کی آنچ میں اور ہولے ہولے جلے ہیں اور دوست کے فراق میں تڑپے ہیں۔ ان کا تصورِ زن بھی دوسرے شعراء سے جدا نہیں ہے اور اس بات کی گواہی ان کے اشعار میں موجود ہے ؎

گلوں میں رنگ بھرے بادِ نو بہار چلے
چلے بھی آؤ کہ گلشن کا کاروبار چلے

جگر کا تصورِزن:

جگرؔ نے شاعری میں مختلف اندازِ بیاں اختیار کیے ہیں اور ہر جگہ ان کی بے ساختگی، ندرتِ بیاں، والہانہ پن، سادگی و شعریت سے بھرپور انداز ایک نئی فضا قائم کر دیتا ہے۔ عشق و محبت کے خمیر میں گندھے ہوئے اشعار قارئین کے دل میں اُتر جاتے ہیں۔ ان کی یہ غزل جس میں نغمگی بھی ہے، کیف و سرور

بھی ہے ؎

محبت کار فرمائے دو عالم ہوتی جاتی ہے
کہ ہر دنیا دلِ شائستہ غم ہوتی جاتی ہے
ہر اک صورت، ہر اک تصویر مبہم ہوتی جاتی ہے
الٰہی! کیا میری دیوانگی کم ہوتی جاتی ہے

ایک اور غزل ؎

نہ اب مسکرانے کو جی چاہتا ہے
نہ آنسو بہانے کو جی چاہتا ہے
ستاتے نہیں وہ تو ان کی طرف سے
خود اپنے ستانے کو جی چاہتا ہے
کوئی مصلحت روک دیتی ہے ورنہ
پلٹ دیں زمانے کو جی چاہتا ہے
تجھے بھول جانا تو ہے غیر ممکن
مگر بھول جانے کو جی چاہتا ہے
تری آنکھ کو بھی جو بے خواب کر دے
وہ فتنہ جگانے کو جی چاہتا ہے
حسین تیری آنکھیں ، حسیں تیرے آنسو
یہیں ڈوب جانے کو جی چاہتا ہے
جگرؔ اب تو وہ ہی یہ کہتے ہیں مجھ سے
میرے ناز اُٹھانے کو جی چاہتا ہے

فانیؔ بدایونی کا تصورزن:

رشید احمد صدیقی نے فانؔی بدایونی کو یاسیت کا امام لکھا ہے تو غلط نہیں کہا کہ فانؔی بدایونی کی تمام شاعری ذاتی حالات اور داخلی کیفیات کا آئینہ ہے۔ فانؔی بدایونی اپنے گھر اور باہر بہت سے صدموں سے دوچار ہوئے اور یاسیت کا یہی رنگ ان کی شاعری پر غالب آ گیا ہے۔

ذکر جب چھڑ گیا قیامت کا
بات پہنچی تری جوانی تک
تری ترچھی نظر کا تیر ہے مشکل سے نکلے گا
دل اس کے ساتھ نکلے گا اگر یہ دل سے نکلے گا

قدیم وجدید شعراء کا تصوّرِ زن:

غزل کو اُردو شاعری کی دلہن کہا گیا ہے اور اس دلہن کے جلووں اور اس کی آب و تاب نے پوری شاعری کو جگمگا دیا ہے۔ غزل کے تقریباً ہر شاعر نے مقصد سے ہٹ کر عورت کی خوبصورتی، وفا و بے وفائی، اس کے خد و خال، گیسو، غزالی آنکھوں، نشیلے نین، عارض، قد و قامت، حسن و نزاکت کے قصیدے جھوم جھوم کر پڑھے ہیں۔ اسی وجہ سے شاید اُردو غزلیات کی روح میں کیف و سرور نے جگہ بنالی ہے، جو پڑھتا ہے اسے ایک انوکھا احساس ہوتا ہے۔ سرشاری کی کیفیت اس پر غالب آ جاتی ہے اور غزل کی معنویت پرت در پرت کھلتی چلی جاتی ہے۔ یہی غزل کی آن بان اور شان ہے۔ ہر دور کے شعراء نے عورت کے حسن و عشق کے قصے بیان کیے ہیں، ہجر و وصال اور اس کے حسن و جمال کو شاعری کا لباس پہنایا ہے۔

حسرت موہانی نے کہا:

چپکے چپکے رات دن آنسو بہانا یاد ہے
ہم کو اب تک عاشقی کا وہ زمانہ یاد ہے
کھینچ لینا وہ مرا پردے کا کونا دفعتاً

اور دوپٹے سے تیرا وہ منہ چھپانا یاد ہے

آتش اپنے محبوب کے بارے میں اس طرح اپنے دل کی بات کہہ رہے ہیں۔

جو دیکھتے تیری زنجیرِ زلف کا عالم
اسیر ہونے کی آزاد آرزو کرتے

ان اشعار کو دیکھیے اور اندازہ کیجیے کہ شاعر محبت کی شیرینی اور لطیف جذبات کو بے خودی کے عالم میں شدت سے محسوس کر رہا ہے۔

اس دل ربا سے آنکھ ملا کر تو دیکھیے
پھر اس کے بعد ہوش میں آ کر تو دیکھیے
خود بھی کسی کے ناز اُٹھا کر تو دیکھیے
دل میں کسی کی یاد جگا کر تو دیکھیے

اُردو شاعری میں فطری احساسات جذبات اور محبت کو شائستگی و نفاست کے ساتھ ظاہر کیا گیا ہے اور کہیں بھی حیا کے پیمانوں کو جھلکنے نہیں دیا گیا ہے، وہیں اس کے برعکس آج میڈیا میں عورت کو تشہیر کا ایک آسان اور سستا ذریعہ بنا دیا گیا ہے۔ اپنی اشیاء کی فروخت اور منافع، بیہودہ سیریلوں کو مقبول بنانے اور ٹی آر پی بڑھانے کیلئے عریانیت سے بھی گریز نہیں کیا جا رہا ہے۔ حد تو یہ ہوگئی ہے کہ گزشتہ برس انڈین آرمی کے شیلانگ کے ہیڈ کوارٹرس پر انڈین آرمی کی جانب سے فوج میں تقررات کے لئے جو اشتہاری بورڈ نصب کیا گیا تھا، اس میں بالی ووڈ کی اداکاراؤں کی تصاویر موجود تھیں اور اس کے ساتھ یہ جملہ تحریر تھا کہ ''اگر آپ ایک خوبصورت اور کامیاب بیٹی چاہتے

ہیں تو انڈین آرمی میں شمولیت اختیار کریں''۔ اس اشتہاری بورڈ پر بالی ووڈ کی کامیاب اداکاروں میں سشمیتا سین، پرینکا چوپڑہ، گل پناگ، سلینا جیٹلی، انوشکا شرما اور نوپور مہتا کی تصاویر موجود ہیں اور ان اداکاراؤں کا تعلق کہیں نہ کہیں انڈین آرمی سے ہے۔ اپنے سیریئل کو مقبول بنانے اور ٹی آر پی کو بڑھانے کیلئے عریانیت کا سہارا لینے کی ایک اور مثال ''بگ باس'' ہے جو پہلے سونی ٹی وی پر اور اب کلرس پر سالانہ پروگرام کی اساس پر پیش ہوتا ہے، اس میں عریاں فلموں کی مشہور اداکارہ کرن جیت کور وہرا المعروف سنی لیون کو شامل کیا جاتا ہے۔ اشتہار بازی میں خواتین کو آسان نشانہ بنانے کی ایک اور مثال ہندوستان میں 29 ویں ریاست تلنگانہ کے وجود میں آنے کے بعد نئی ریاست کے پہلے چیف منسٹر کے چندر شیکھر راؤ کی جانب سے حیدرآبادی ٹینس اسٹار ثانیہ مرزا کو ریاست کا برانڈ ایمبیسڈر مقرر کیا جانا ہے اور ساتھ ہی انہیں ایک کروڑ روپئے اعزازی رقم بھی دی گئی ہے۔

اپنے تجارتی مقاصد کے حصول کے لئے میڈیا میں اشتہار بازی اور شعبہ اشتہارات کو کافی اہمیت دی جاتی ہے لیکن عورت کی عظمت اور اس کے تقدس کو پامال کرتے ہوئے اقدار کی گراوٹوں کی جو مثالیں سامنے آرہی یہں، وہ کافی تشویشناک ہیں۔ اشتہارات میں اشیاء کی خصوصیات اور عوام تک اپنی بات پہنچانے میں مقصدیت پر آج فحاشی اور عریانیت نے اپنا قبضہ جمالیا ہے۔

خواتین سے متعلق اشیاء تو درکنار ایسے پراڈکٹس جن کا تعلق خواتین سے بالکل نہیں ہوتا، ان میں بھی عورتوں کے وجود کو زبردستی ٹھونسا جارہا ہے اور عورت کو بطور ''شوپیس'' استعمال کرنے کا رجحان کافی بڑھ چکا ہے۔ کچھ ایسے اشتہارات کا بھی مشاہدہ بہ آسانی کیا جاسکتا ہے جس کا تعلق عورتوں سے بالکل

ہی نہیں ہوسکتا یعنی سگریٹ کے اشتہار میں عورت، موٹر سائیکل کے اشتہار میں عورت، مردانہ ملبوسات کے اشتہار میں عورت، اشیاء پر دی جانے والی خصوصی رعایت کی تشہیر میں عورت، حد تو یہ ہوگئی کہ شیونگ کریم اور بلیڈ کے اشتہارات میں بھی عورتوں کو دکھایا جارہا ہے۔

اشتہارات میں عورت کے استعمال اور فحاشی کے عنصر کو فروغ دینے اور ماڈرن ازم کے نام پر جس کلچر کو فروغ دیا جارہا ہے، وہ انسانی تہذیب اور اقدار کا زوال ہے۔ میڈیا چاہے وہ پرنٹ ہو کہ الیکٹرانک ان میں خوبصورت خواتین کو اس انداز میں پیش کیا جارہا ہے کہ سماج، بے راہ روی کی طرف تیزی سے بڑھ رہا ہے۔ ٹی وی اور اخبارات میں چند منٹوں اور پیسیوں کے اشتہارات کے جو منفی اثرات سماج پر پڑ رہے ہیں، اس کا ایک خوفناک پہلو ہم دہلی اجتماعی عصمت ریزی کے واقعہ کے طور پر دیکھ چکے ہیں جہاں ایک 23 سالہ لڑکی جیوتی سنگھ کی عصمت ایک چلتی بس میں 6 افراد نے تارتار کردی اور اس پر جان لیوا حملہ بھی کیا تھا۔ فلم، ٹی وی اور دیگر طرز کے میڈیا میں خواتین کو اشتہارات میں ایک پرکشش اور آزاد شہری کے طور پر پیش کئے جانے کا رجحان آزادئ نسواں کے دائرہ سے باہر نکلتے ہوئے ماڈرن ازم کے نام پر عریانیت اور فحاشی کی دہلیز بھی پار کرچکا ہے اور نوجوان نسلوں پر اس کے صرف منفی اثرات ہی مرتب ہورہے ہیں جس کی وجہ سے معاشرے میں خواتین کی عصمت ریزی اور جنسی ہراسانی کے واقعات میں روز بہ روز اضافہ ہی ہورہا ہے۔

الغرض ماضی میں اُردو شاعری اور موجودہ میڈیا میں وجودِ زن کا ایک تقابلی جائزہ لینے اور اس کے سماج پر مرتب ہونے والے اثرات کے مطالعہ کے بعد یہ بہ آسانی کہا جاسکتا ہے کہ آج پھر ایک مرتبہ عورت کے تقدس اور اس کی

عظمت کو بلند کرنے کیلئے تعمیری شعر وادب کے علاوہ میڈیا میں صنف نازک کو بہتر انداز میں پیش کرنے کی سخت ضرورت ہے۔

ڈاکٹر احتشام الحسن مجاہد
(شعبہ اردو عثمانیہ یونیورسٹی حیدرآباد)

قومی یکجہتی اور اقبال

شاعر مشرق ڈاکٹر سر شیخ محمد اقبال (1938-1877) اردو کے مشہور مفکر و فلسفی شاعر گذرے ہیں۔ انہوں نے اپنی اصلاحی' مقصدی اور پیامی شاعری کے ذریعے قومی یکجہتی' وطن سے محبت اور حرکت و عمل کے پیغام کو عام کیا۔ اور لوگوں میں اسلامی فکر پروان چڑھانے کے کوشش کی۔ اقبال نے اپنی شہرہ آفاق شاعری کے ذریعے تصور عشق' تصور خودی' مرد مومن' کامل انسان' عورت کا مقام اور تعلیم کی روح سے متعلق نظریے پیش کیئے۔ اس طرح وہ اردو کے عظیم مفکر شاعر قرار پائے۔ اقبال کی شاعری کا ایک اہم پہلو قومی یکجہتی کو تصور ہے جو اُن کی شاعری میں اہمیت کا حامل ہے۔ اقبال نے ایک ایسے دور میں شاعری کی تھی جب کہ ہندوستان میں انگریزوں کے خلاف گاندھی جی اور دیگر قومی رہنماؤں کی قیادت میں جدو جہد آزادی کی تحریک چلائی جا رہی تھی۔ اس تحریک میں اثر پیدا کرنے کے لئے اس دور کے شعرا اور ادیبوں نے بھی اپنی تحریروں کے ذریعے لوگوں میں آزادی کے حصول کے جذبے کو پروان چڑھایا تھا۔ انگریزوں نے ہندوستان میں

پھوٹ ڈالو اور حکومت کرو کی پالیسی اختیار کر رکھی تھی ایسے ماحول میں ہندوستان میں قومی یکجہتی کا فروغ وقت کا اہم تقاضہ تھا اور اس تقاضے کو اقبال نے اپنی شاعری کے ذریعے بہت حد تک پورا کیا۔

اقبال کی شاعری میں موجود قومی یکجہتی کے عناصر پر نظر ڈالنے سے قبل آیئے دیکھیں کہ قومی یکجہتی کی تعریف کیا ہے۔ اور ہندوستان میں قومی یکجہتی کیوں ضروری ہے۔ ہندوستان کثرت میں وحدت والا ایک عظیم ملک ہے۔ یہاں کے پھیلے ہوئے جغرافیائی عوامل کے سبب اسے برصغیر کہتے ہیں۔ جب کثرت میں وحدت ہو جاتی ہے تو وہیں سے قومی یکجہتی کا عمل شروع ہو جاتا ہے۔ قومی یکجہتی کی اگر تعریف کی جائے تو ہم کہہ سکتے ہیں کہ ''جب کسی ملک کے جغرافیائی حدود میں رہنے والے لوگ انفرادی طور پر علحیدہ شناخت رکھنے کے باوجود اجتماعی امور میں ہم خیال ہو جائیں اور آپسی اتحاد و اتفاق سے مل کر رہنے کا عہد کریں اور اس کا عملی نمونہ پیش کریں تو یہ قومی یکجہتی ہوگی۔ ہندوستان میں ۱۹۶۱ء میں قومی یکجہتی سمینار رہوا تھا۔ اس سمینار میں قومی یکجہتی کی تعریف اس طرح کی گئی۔

''قومی یکجہتی ایک ایسا نفسیاتی عمل ہے جس سے اتفاق اور جذباتی ہم آہنگی کے خیالات لوگوں کے دلوں میں پیدا ہوتے ہیں۔ اور ملک سے وفاداری اور مشترکہ شہریت کا عمل پیدا ہوتا ہے''۔

(بحوالہ مضمون۔ قومی یکجہتی اور اردو شاعری از ڈاکٹر بانو سرتاج۔ مشمولہ کتاب۔ اردو شاعری اور قومی یکجہتی۔ از ڈاکٹر بانو سرتاج۔ ص۔ ۱۲۲۔ الہ آباد۔ ۲۰۰۴ء)

کسی بھی ملک اور قوم کی ترقی اور بقاء کے لئے قومی یکجہتی کا ہونا ضروری ہے۔ اگر لوگوں میں یکجہتی نہ ہو تو ملک کمزور ہو سکتا ہے۔ قومی یکجہتی کے ضمن میں جو عناصر اتحاد کو توڑنے کا سبب بنتے ہیں۔ ان میں فرقہ واریت‘ ذات پات کی تفریق‘ علاقائی اور لسانی اختلافات اہم ہیں۔ ہندوستان میں قومی یکجہتی کو پروان چڑھانے کے لئے ایک طاقتور ذریعے Medium کی ضرورت تھی۔ اور یہ

کام اردو زبان نے کیا۔ کیونکہ اردو بہ حیثیت زبان ملک کے طول وعرض میں بولی اور سمجھی جاتی ہے۔ چنانچہ ہمارے شعرا اور ادیبوں اور خود حکومت اور عوام نے اردو کو قومی یکجہتی کو پروان چڑھانے میں استعمال کیا۔ اردو ایک ہندوستانی زبان ہے۔ اور قومی یکجہتی کی علمبردار زبان ہے۔

اقبال کی شاعری میں قومی یکجہتی کی اعلی مثال ان کی نظم ''ترانہء ہندی'' ہے۔ کسی بھی ملک کو اپنی قومی نشانی کے لئے ایک ایسے ترانے اور نغمے کی ضرورت ہوتی ہے جو سارے ملک کے لوگوں کو جذباتی طور پر ایک وحدت میں پرودے۔ جد جہد آزادی کی تحریک میں جہاں کہیں سیاسی جلسے ہوتے تھے وہاں قومی ترانے کے طور اقبال کا یہ ترانہ گایا جاتا تھا۔ اور آزادی کے بعد بھی ہندوستان میں قومی اتحاد کے اظہار کے لئے اور وطن پرستی کے جذبے کو اُبھارنے کے لئے اقبال کے اسی ترانہ ہندی کو گایا جاتا ہے۔ ترانہ کے آغاز میں ہی اقبال نے یہ کہہ کر کہ

سارے جہاں سے اچھا ہندوستاں ہمارا
ہم بلبلیں ہیں اس کی یہ گلستاں ہمارا

کثرت میں وحدت اور نیرنگی میں یک رنگی والے اس عظیم ملک کی تعریف کردی۔ اور اسے گلستاں کہتے ہوئے دنیا کے تمام مما لک سے بہتر قرار دیا۔ جب لوگوں کو اپنا ملک اچھا لگے تو ہو اس کی حفاظت اور اس کی ترقی کے لئے آگے آئیں گے۔ ترانے میں ہندوستان کی عظمت بیان کرنے کے بعد اقبال اس ملک کے لوگوں کو مذہب کے نام پر اختلاف کرنے سے روکتے ہوئے کہتے ہیں۔

مذہب نہیں سکھاتا آپس میں بیر رکھنا
ہندی ہیں ہم وطن ہیں ہندوستاں ہمارا

اقبال کی شاعری میں اگر قومی یکجہتی کا نچوڑ دیکھنا ہو تو وہ اس شعر میں مل جاتا ہے۔ یہ شعر ان کے کلام میں قومی یکجہتی کا نمائندہ شعر ہے۔ انگریزوں نے ہندوستان میں مذہب کے نام پر ہندوؤں اور مسلمانوں میں اختلاف پیدا کرنے کی جو سازش کی تھی۔ اسے ہمیشہ کے لئے دور کرنے کے

لئے اقبال کہتے ہیں کہ تمام مذاہب ایک دوسرے کا احترام کرنا سکھاتے ہیں۔ہم ہندو یا مسلمان نہیں بلکہ وطن عزیز ہندوستان کے شہری ہیں۔اقبال نے یہ کہتے ہوئے کہ ہم ہندی ہیں اور ہمارا وطن ہندوستان ہے ان تمام فرقہ پرستوں کو منہ توڑ جواب دیا ہے جو اس ملک میں مسلمانوں کی وطن پرستی کے جذبے پر شک کرتے ہیں۔جبکہ تاریخ گواہ ہے کہ اس ملک کو جب بھی ضرورت پڑی مسلمانوں نے اپنا خون بہا کر اور اپنی جانیں گنوا کر اس کی حفاظت کی ہے۔قوم پرست اور وطن پرست اقبال جذبہ حب الوطنی سے سرشار نظم ''ہندوستانی بچوں کا قومی گیت'' پیش کرتے ہیں۔نظم کے پہلے بند میں اقبال کہتے ہیں۔

چشتی نے جس زمیں میں پیغام حق سنایا
نانک نے جس چمن میں وحدت کا گیت گایا
تاتاریوں نے جس کو اپنا وطن بنایا
جس نے حجازیوں سے دشتِ عرب چھڑایا
میرا وطن وہی ہے میرا وطن وہی ہے

اس نظم میں بھی اقبال نے ہندوستان کی تعریف کرتے ہوئے لوگوں میں اپنے وطن سے محبت کے جذبے کو پروان چڑھایا۔ترانہ ہندی میں اقبال نے ہندوستان کو سارے جہاں سے اچھا قرار دیا تھا۔ اور اس نظم میں ہندوستان سارے جہاں سے کیوں اچھا ہے اس کی مثالیں دی گئی ہیں۔یونان ترک میرِ عرب کا ذکر کرتے ہوئے اقبال نے ہندوستان کی تعریف عالمی سطح پر کردی۔یہ نظم بچوں کے لئے لکھی گئی۔اقبال کو یہ احساس تھا کہ بچوں میں ان کے سیکھنے کے زمانے میں ہی وطن سے محبت کا جذبہ پیدا کرنا چاہئے۔جس سے ایک وطن کی ترقی کے لئے تیار رہنے والا ایک بہتر معاشرہ تشکیل پا سکتا ہے۔اقبال کی وطن سے محبت پر مبنی ایک اور نظم ''نیا شوالہ'' ہے۔اس نظم میں اقبال کی وطن پرستی اپنی معراج کو جا پہونچتی ہے۔اور وہ برہمن اور واعظ سے تنگ آکر وطن کو ہی عبادت خانہ قرار دیتے ہیں۔چنانچہ اقبال کہتے ہیں

پتھر کی مورتوں میں سمجھا ہے تو خدا ہے
خاکِ وطن کو مجھ کو ہر ذرہ دیوتا ہے

انسان وطن کی ہر چیز سے محبت کرنے لگے تو وہ یہاں رہنے والے لوگوں سے بھی بلا لحاظ مذہب و ملت ذات پات رنگ ونسل محبت کرے گا۔ لوگوں میں اختلافات ختم ہوں گے۔ اور ہندو مسلم سے اوپر اُٹھ کر لوگ انسانیت کے مذہب کو اختیار کریں گے۔ لوگوں میں محبت کے جذبے کو پروان چڑھانے پر زور دیتے ہوئے اقبال نظم کے آخر میں کہتے ہیں۔

آ غیرت کے پردے اک بار پھر اُٹھا دیں بچھڑوں کو پھر ملا دیں نقش دوئی مٹا دیں
سونی پڑی ہوئی ہے مدت سے دل کی بستی آ اک نیا شوالہ اس دیس میں بسا دیں
دنیا کے تیرتھوں سے اونچا ہو اپنا تیرتھ دامانِ آسماں سے اس کا کلس ملا دیں
ہر صبح اُٹھ کے گائیں منتر وہ میٹھے میٹھے سارے پجاریوں کو مے پیت کی پلا دیں
شکتی بھی شانتی بھی بھگتوں کے گیت میں ہے
دھرتی کے باسیوں کی مکتی پریت میں ہے

اس نظم میں اقبال نے ہندی الفاظ استعمال کرتے ہوئے بھی زبان کے معاملے میں قومی یکجہتی کا ثبوت دیا ہے۔ اقبال نے منتر اور پجاری جیسے الفاظ استعمال کرتے ہوئے قومی یکجہتی کے اپنے پیغام کو پُر اثر بنایا۔ اقبال نے اپنے کلام میں گوتم کو بھی یاد کیا اور رام کو بھی۔ وہ رام کو امام ہند قرار دیتے ہوئے کہتے ہیں۔

ہے رام کے وجود پہ ہندوستان کو ناز

اہل نظر سمجھتے ہیں اس کو امام ہند

اقبال کو ہندوستان میں سر تیج بہادر، رابندر ناتھ ٹیگور، مہاتما گاندھی، جواہر لال نہرو، سبھاش چندر بوس اور دوسرے مفکرین نے قدر کی نگار سے دیکھا۔ مضمون افکار اقبال۔ مشمولہ ہمارا اردو ڈائجسٹ اکتوبر ۱۹۷۶ء ص۔ ۲۸۔ ۲۷)

آزادی کے ایک عرصے بعد آج پھر اقبال کو ہندوستانی شاعر مانا جانے لگا ہے۔ ہندوستان اور پاکستان اور عالمی سطح پر اقبال صدی تقاریب منائی گئیں۔ اور پیام اقبال کو عام کیا گیا۔ اور یہ سلسلہ جاری ہے۔ اقبال کی شاعری سے فیضیاب ہونا آنے والی قوموں کی ذمہ داری ہے۔ اقبال کا نظریہ قومی یکجہتی واضح ہے۔ کسی شاعر کا ایک گیت ہی ساری قوم میں اتحاد پیدا کر سکتا ہے۔ اور وہ گیت اقبال کا ترانہ ہندی ہے۔ اگر اقبال کے نظریہ قومی یکجہتی سے کام نہیں لیا گیا۔ اور لوگ مذہب، زبان، تہذیب اور کلچر کے نام پر آپس میں لڑتے رہیں۔ تو ان کی ترقی ممکن نہیں اور اقبال ہی کی زبان میں کہنا پڑے گا۔

نا سمجھو گے تو مٹ جاؤ گے ہندوستان والو　　تمہاری داستان تک نہ ہوگی داستانوں میں

ڈاکٹر محمد ابرار الباقی

(صدر شعبہ اردو شاتاواہانا یونیورسٹی کریم نگر)

ولؔی اردو غزل کی تہذیب کا اولین ستارہ

ولی سے قبل دکن میں مثنوی کا رواج تھا غزل گو شاعری بھی تھے اور صف اول کے غزل گو شاعر لیکن مثنوی کا پلڑا بھاری تھا ولؔی کے یہاں صورتحال بدل جاتی ہے اور غزل اپنے بام عروج سے ہمکنار ہونے لگتی ہے۔

اردو شاعری میں ولؔی کو نمایاں مقام حاصل ہے انہیں اردو شاعری کا باوا آدم کہا گیا ہے۔شمالی ہند میں اردو شاعری کا چرچا ولؔی کا رہن منت ہے اس لئے میؔر نے باشندہ دکن کو فرط محبت سے معشوق کہہ کر یاد کیا ہے اور جس کے کلام سے خود میؔر کے لفظوں میں انہیں ریختہ گوئی پر مائل کیا ہے

خوگر نہیں کچھ یوں ہی اہم ریختہ گوئی کے
معشوق جو تھا اپنا باشندہ دکن کا تھا

ولؔی کے عہد تک اردو غزل سے کوئی خاص مقبولیت حاصل نہیں کی تھی ولؔی نے فارسی غزل کی بنیاد پر اردو غزل کو سنوارا جو مضامین فارسی غزل میں بیان کئے جاتے تھے ان مضامین

کواردو غزل میں ولی نے بیان کیا اور زبان کو سلیس اور آسان بنانے کا کام بھی ولی نے کیا۔

ولی ۱۷۰۰ء میں دہلی آئے اور ادبی محفلوں میں عوام کی زبان میں کہے گئے اپنے اشعار سنائے تو اہل محفل کو ایک مسرت آمیز حیرت ہوئی کہ جس زبان کو وہ کمتر سمجھتے تھے اور ریختہ کے نام سے پکارتے تھے اس زبان میں ایسی شاعری بھی ممکن ہے۔ ولی اردو ادب کی روایت جدید کے معمار اول ہیں وہ ایک باشعور شاعر اور اپنے پیش رووں میں سب سے آگے ہیں ان کے کلام سے اندازہ ہوتا ہے کہ وہ علمی استعداد کے بھی حامل تھے۔

ولی کی اولیت واہمیت یہ ہے کہ انہوں نے ایک زبان کو دوسری زبان سے ایسا بے معلوم جوڑ لگایا کہ آج تک زمانے کئی پلٹیں کھائیں۔ مگر پیوند میں جنبش نہ آئی۔ انہوں نے نہ صرف فارسی تراکیب کو اپنے کلام میں جگہ دی بلکہ نئی تراکیب تلاش کر کے ایک نیا رنگ بھی دیا اسی بناء پر ولی وہ پہلے شاعر ہیں جن کے شاعرانہ مزاج کو کلاسیکل کہا جاتا ہے۔

ولی نے اپنی متوازن طبیعت سے فارسی، دکنی اور شمال کی زبان کو اس طرح ملا کر ایک کر دیا کہ وہ علاقائی سطح سے بلند ہو کر ہمہ گیر ہوگی۔ اسی وجہ سے ولی کو اردو شاعری کا باوا آدم کہا جاتا رہے گا۔ آزاد نے ان کو اردو شاعری میں وہی مقام دیا ہے جو انگریزی شاعری میں چاسر اور فارسی شاعری میں رودکی کو حاصل ہے۔

ولی کا یہ کمال ہے کہ انہوں نے اردو شاعری کے جو فارم اور سانچے ڈھالے وہ آج تک موجود ہیں اور غزل کے ساز پر جو نغمے انہوں نے چھیڑے دنیائے غزل میں آج تک ان کی صدائے بازگشت سنائی دے رہی ہے۔

ولی کے کلیات میں تقریباً تمام مروجہ اصناف سخن ملتی ہیں لیکن جس چیز نے انہیں شہرت دوام بخشی وہ غزل ہے ولی کی غزل کی نمایاں خصوصیت اظہار بیان کی سادگی اور حقیقت نگاری ہے ولی کے یہاں غزل اپنی پوری سج دھج اور فنی رچاؤ کے ساتھ نظر آتی ہے ولی کی غزلوں میں جو حسن و تازگی رعنائی اور دلکشی ہے وہ کم ہی شعراء کے یہاں ملے گی ولی کی غزلوں میں یہ خصو

صیات حسن ادا اور موضوعات کی رنگینی دونوں ہی سے پیدا ہوئی ہیں۔ جہاں تک ولی کے موضوعات کا تعلق ہے وہ بہت محدود ہیں وہ زندگی بھر محبت کے دلکش نغمے چھیڑتے رہے اور محبوب کی دلفریب اداؤں کو مختلف انداز سے بیان کرتے رہے حسن کے خدوخال اور اس کے رنگ و روپ اور عشق کی مختلف کیفیات اور واردات کو اپنی غزلوں میں سموتے رہے۔

ولؔی حسن مجازی اور حسن حقیقی دونوں ہی کے پرستار تھے دراصل حسن مجازی ان کے لئے حسن حقیقی تک پہنچنے کا ذریعہ تھا خود ولی کے ان اشعار سے بھی اس بات کی وضاحت ہوتی ہے۔

شغل بہتر ہے عشق بازی کا
کیا حقیقی و کیا مجازی کا
مجھے بولیا کہ تو واقف نہیں عشق حقیقی سوں
تو بہتر یوں ہے جا دامن پکڑ عشق مجازی کا

ولؔی نے نہ صرف اپنے دور کے تمام ادبی وفکری معیاروں کو اپنی شاعری میں سمویا بلکہ بیان کی لذت اور زبان کی تعمیر کا اعجاز بھی دکھایا۔ تصوف اس زمانے کی فکری اور اخلاقی بلندی کا معیار تھا۔ ولؔی نے اس مسلک کو نہ صرف اپنی زندگی میں برتا بلکہ اپنی شاعری میں بھی اس خوبی سے اظہار کیا کہ ان سے پہلے کسی نے اردو میں اتنی کامیابی سے نہیں برتا تھا دنیا کی بے ثباتی اور زندگی کی بے اعتباری وغیرہ کے بھی مضامین ولی کے یہاں بہت خوبی اور ایک جذبے کے ساتھ بندھے ملتے ہیں

حسن تھا پردہ تجرید میں سب سوں آزاد
طالب عشق ہوا پردہ انسان میں آ

ولؔی کے جمالیاتی احساس نے ان کو اردو غزل کا سب سے بڑا پیکر بنا دیا۔ محبوب کے سراپے کو انھوں نے ہر جگہ ایک نئے انداز اور نئے لطف کے ساتھ پیش کیا ہے لیکن خوبی یہ ہے

کہ کہیں تکرار نہیں پیدا ہوتی جیسے

خوش قداں دل کو بند کرتے ہیں
نام اپنا بلند کرتے ہیں
گر ہے مطلوب تجھ کو نقش مراد
دیکھ اس کی بھواں کی جس کی ادا

ولؔی کی ایک خصوصیت یہ بھی ہے کہ ان کی شاعری میں نشاطیہ عنصر موجود ہے ان کے یہاں رنگ رلیاں منانے جنسی تشنگی کو بجھانے اس میں سنجیدگی اور تہذیبی قدروں کا پاس ولحاظ ہے کبھی وہ حسن کو اپنانے کی کوشش بھی کرتے ہیں تو اتنے معصوم انداز میں کہ ان کی محبت کی پاکیزگی اور بھی نکھر جاتی ہے محبوب کو پانے چھونے اور دیکھنے کی تمنا کا اظہار اتنے دل آویز انداز میں کرتے ہیں کہ ان کے اشعار ان کے حسین جذبات کی طرح حسین اور دلکش ہو جاتے ہیں۔

پھر میری خبر لینے وہ صیاد نہ آیا
شاید کہ اسے میرا حال یاد نہ آیا
جسے عشق کا تیر کاری لگے
اسے زندگی کیوں نہ بھاری لگے

ولؔی کے یہاں کسی فکر و فلسفہ کی تلاش بے کار ہے البتہ مسائل تصوف کے ضمن میں زندگی کے بعض پہلوؤں کا ذکر ان کی شاعری میں آگیا ہے ولؔی کی تصوف سے گہری دلچسپی تھی اس کے اثرات ان کی غزلوں میں واضح طور پر نظر آتے ہیں۔ ان کی غزلوں میں عشق کی اعلیٰ اقدار اور پاکیزگی و معصومیت ملتی ہے وہ اسی تصوف ہی کی وجہ سے ہے۔ اسی کے اثر سے معرفت وعرفان اور حیات و کائنات کے مسائل ان کی غزلوں میں دکھائی دیتے ہیں۔

ولؔی کے اشعار نہ صرف ہمارے شعور کو وسیع کرتے ہیں بلکہ جذبات کے اظہار کو سہل

بنا دیتے ہیں۔ کہیں کہیں ان کی شاعری میں ایسے سبق آموز اور نصیحت والے اشعار ہیں جنہیں پڑھ کر ایسا معلوم ہوتا ہے کہ زندگی کے گہرے سمندر میں غوطہ لگا کر عقل و دانش کے سچے موتی سمیٹ لائے ہیں۔

مفلسی سب بہار کھوتی ہے
مرد کا اعتبار کھوتی ہے

ولؔی کی شاعری کا مقصد سخت دلی اور ظاہر داری کی مذمت کرنا ہے اور سچے اخلاق کی تعلیم دینا ہے۔

کیا بے خبر ہوا ہے معلم صنم کو دیکھ
مکتب میں آ کے بھول گیا ہے کتاب آج

غرض کہ ولؔی نے اُردو غزل میں خارجیت کے ساتھ داخلیت کو بھی شامل کر لیا اور اس طرح غزل جب داخلی جذبات واحساسات اور واردات قلبیہ کے اظہار کا ذریعہ بن گئی تو یہ ایک ایسی صنف ہو گی کہ اس میں زندگی کے ہر رنگ کے تجربات کو بیان کرنے کی صلاحیت پید اہو گی غزل وہ کی روایت جو آئندہ دور میں اپنے عروج پر پہنچی اس کا سر چشمہ ولی کی غزل ہے ۔ جتنے مضامین غزل سے وابستہ ہیں وہ سب کم وبیش ولی کہ یہاں ملتے ہیں اسی لئے ولی کا نام اپنی اولیت اور روایت کے بانی کی حیثیت سے ہمیشہ سر فہرست برقرار رہے گا۔

ان کے دیوان میں بہت سے ایسے اشعار ملتے ہیں جن کو زبان تین چار سو برس پہلے کی زبان نہ ہو کر زمانہ حال کی زبان معلوم ہوتی ہے۔

خوب رو خوب کام کرتے ہیں
یک نگہ میں غلام کرتے ہیں

ولؔی کے یہاں تشبیہات واستعارات میں ایک نیا پن ملتا ہے وہ صنائع بدائع اور تکرار

لفظی کا بھی استعمال کرتے ہیں اور ساتھ ہی ان کے یہاں فارسی ترکیبیں بھی پائی جاتی ہیں دہلی کے محاورات وہ زبان کو وہ بے جھجک استعمال کرتے ہیں۔

گل وبلبل کا گرم ہے بازار

اس چمن میں جدھر نگاہ کرو

غزل ولی کی شاعری زبان و بیان کے اعتبار سے اور معنی ومطالب کے لحاظ سے سراپا اعجاز ہے ولی کا یہ امتیاز ہے کہ اردو غزل نے جو رُخ اختیار کیا اس کے رہبر ولی ہی رہے۔

ولؔی نے صرف بہ طور ایک شاعر کے اردو شاعری میں اپنی جگہ نہیں بنائی بلکہ ایک روایت کے طور پر وہ اپنی آن بان رکھتے ہے ولؔی کی یہ روایت جہاں انہیں دکنی شاعری میں ممتاز کرتی ہے وہیں اُن کو شمالی ہند کے شاعروں سے بھی بہ آسانی ممیّز کیا جا سکتا ہے ولؔی بطور روایت کے ان سارے شعری خزائن کے پاس دار ہے جو ان کے عہد تک شمال اور جنوب میں سرخرو اور سر بلند تھی۔

ولؔی کے بعد شمالی ہند میں اردو شاعری کا چرچہ بڑھتا گیا اور شاہ حاتؔم' آبرو اور مظہر جان جاناں جیسے نامور شاعروں نے اردو شاعری کے سرمایے کو وقیع اور جاندار کر دیا اس کے باوجود ولؔی کی استادی کے سب قائل رہے چنانچہ اس دور کے تحریر کردہ تذکروں کے مطالعے سے اندازہ ہوتا ہیکہ ہر ایک نے ولی کی مرتبت کو تسلیم کیا اور بہ حیثیت شاعر ولی کو ایک عظیم مقام پر متمکن کیا۔

ناہیدہ بیگم

(لیکچرر اردو گورنمنٹ ڈگری کالج فار ویمن سنگاریڈی۔ ضلع میدک)

آن لائین اُردو صحافت عصری اقدار اور تقاضے

ڈیجیٹل جرنلزم یعنی آن لائن صحافت موجودہ دور میں اردو زبان کے لیے بھی کوئی نئی بات نہیں رہی ہے۔مشہور زمانہ بی۔بی۔سی کی ویب سائٹ، وائس آف امریکہ، جرمنی سے ڈوچے ویلے،صدائے روس،مشرق وسطیٰ سے العربیہ اور پڑوسی ملک پاکستان سے جنگ، ڈان کے علاوہ سینکڑوں قومی و علاقائی اخبارات کی اردو ویب سائٹس عرصہ دراز سے انٹرنیٹ پر موجود ہیں۔

اس میں شک نہیں کہ ہندوستان کے تقریباً تمام اہم اردو اخبارات اپنے پرنٹ ایڈیشن کے ساتھ ویب ایڈیشن بھی جاری کرتے ہیں جن میں منصف، سیاست، راشٹریہ سہارا، انقلاب، اعتماد، اردو ٹائمز، صحافت، ہندوستان اکسپریس، اخبار مشرق، اودھ نامہ، ہمارا سماج، عزیز الہند کے علاوہ دیگر بہت سے علاقائی اخبارات شامل ہیں۔مگر یہ صورتحال تھوڑی تشویشناک ہے کہ جدید عصری تقاضوں کے مطابق ہندوستان سے شائع ہونے والے اردو اخبار معدودے چند ہی ہیں۔

عصری آن لائن صحافت کی یوں تو ڈھیر ساری خصوصیات گنائی جاسکتی ہیں مگر سب سے بڑی خصوصیت مطلوبہ مواد کی فوری تلاش میں سہولت کی عام دستیابی ہے۔

گلوبل ولیج یا گوگل ایج کے دور کا صارف آج کسی نشریاتی ادارے یا اخباری ایجنسی کا قیدی نہیں رہا ہے۔ وہ براہ راست انٹرنیٹ کے کسی سرچ انجن کے سہارے مطلوبہ مواد اپنے مطالعے یا اضافۂ معلومات کی خاطر حاصل کر لیتا ہے چاہے وہ داعش جیسی انتہا پسند تنظیم سے متعلق مواد ہو، یا مسلم دنیا کی کشمکش کی صورتحال یا برصغیر کی سیاست وسماجیات کے اتار چڑھاؤ کے مسائل ہوں یا کھیل وتفریح کی دنیا کی خبریں ہوں۔ دنیا کا کوئی موضوع ایسا نہیں جسے کی۔بورڈ یا موبائل کے ذریعے چند الفاظ کو لکھ کر اس سے متعلق تازہ ترین خبر یا معلومات حاصل نہ کی جاسکیں۔

بین الاقوامی زبانوں کی کمپیوٹر میں شناخت کے واحد نظام کے طور پر ہر چند کہ "یونیکوڈ" کا اجرا 1996 میں ہو گیا تھا مگر اردو زبان کی شمولیت اس نظام میں 1999 میں ہوئی اور ونڈوز-2000 وہ پہلا آپریٹنگ نظام تھا جس میں باقاعدہ اردو کی بھی سپورٹ رکھی گئی تھی۔ ان 14 سالوں کے دوران انٹرنیٹ پر تلاش کے قابل تحریری اردو زبان نے جو ترقی کی ہے وہ آج ہم سب کے سامنے واضح ہے کہ سرچ انجنز اردو رسم الخط میں کی گئی تلاش کے بہتر نتائج پیش کرتے ہیں۔ بطور مثال اگر کسی سرچ انجن میں "زاہد علی خان سیاست تلاش کیئے جائیں تو نتائج کے صفحہ پر سیاست کی ویب سائٹ کے روابط سب سے اوپر نمودار ہوتے ہیں مجلس اتحاد المسلمین'' کے'' الفاظ کی تلاش پر روزنامہ اعتماد کے مختلف صفحات کے لنکس ہمیں دستیاب ہوں گے۔

آن لائن جرنلزم کی خصوصیت یہی ہے کہ متعلقہ مواد کی فوری تلاش کی سہولت نے جہاں آسانی بہم پہنچائی ہے وہیں تحقیق وتفتیش کی ذمہ داری بھی صحافیوں پر عائد کی ہے۔ ہمارے سامنے کسی موضوع سے متعلق لامتناہی مواد موجود ہے اور اس میں سے سچائی کو ڈھونڈ

نکالنا ہے تا کہ درست معلومات کی رسائی قارئین یا ناظرین تک ہو سکے بصورت دیگر کاہلی، لاپروائی یا حد سے زیادہ جذباتیت عوام میں صحافت کے معیار اور اعتماد کو کھونے کا سبب بنے گی۔

روایتی صحافت کے مقابلے میں آن لائن جرنلزم نے زبان کا مسئلہ بھی بڑی حد تک ختم کر دیا ہے۔ گوگل ٹرانسلیٹ کی مدد سے دیگر زبانوں یا معاشروں کے اصل مواد تک پہنچتے ہوئے کسی موضوع کے حقائق کا علم حاصل کیا جا سکتا ہے۔ یعنی کسی خبر کی سرخی کے انگریزی الفاظ کا متعلقہ زبان میں ترجمہ اور پھر اس ترجمے کی سرچ انجن تلاش کے ذریعے اس معاشرے یا ملک کی متعلقہ خبروں کا گوگل ترجمہ ہی کے توسط سے مفہوم حاصل کیا جا سکتا ہے اگر صحافت صحت مند جمہوریت کا چوتھا ستون ہے تو سب سے پہلے خود اسے ایک محتسب کی ضرورت لاحق ہے۔ کیونکہ انصاف یہ نہیں کہ کوئی خود کو احتساب سے مستثنیٰ کر کے دوسروں کی جانچ پڑتال کو اپنا حق باور کرے۔ یہی سبب ہے کہ گذشتہ زمانے کے برعکس آج کے انٹرنیٹ دور میں تحقیقاتی صحافت کو زیادہ معتبر اور اہمیت وافادیت کے قابل باور کیا جا رہا ہے۔ آن لائن صحافت پر عبور رکھنے والا ایک صحافی متعلقہ دستاویزات کی چھان بین کرتے ہوئے ممکنہ غلطیوں اور مفروضوں کا پتا چلاتے ہوئے درست نتیجے کے زیادہ قریب پہنچ سکتا ہے۔ لیکن جہاں تک اردو کی تحقیقاتی صحافت کا سوال ہے، یہ امر باعث تشویش ہے کہ دیگر زبانوں کے بالمقابل معیار و تحقیق کے بجائے جذباتیت واشتعال انگیزی پر زور دیا جا رہا ہے۔ اس کی ایک حالیہ مثال روضہ نبوی کے مقام کی تبدیلی کے حوالے سے دو برطانوی اخبارات کی آن لائن رپورٹ کو بغیر تحقیق کے، ایک مخصوص نقطہ نظر سے شائع کرنا اور عوام کے جذبات کو بھڑکانا تھا۔ حتیٰ کہ سوشل میڈیا پر بھی اصل حقائق کی جڑ تک پہنچے بغیر اس مسئلہ کو بھرپور طریقے سے اچھالا گیا۔ بعد کے واقعات اور خود ہمارے ملک میں موجود سعودی سفارتخانے کی وضاحت نے اصل منظر نامہ سے عوام کو آگاہ کیا کہ اس افواہ کی حقیقتاً کوئی بنیاد نہیں تھی۔

حالانکہ اگر کوئی اردو صحافی تھوڑی سی محنت کرتا اور اس موضوع پر عربی اخبارات کے مضامین اور تجزیوں کا سرسری ترجمہ ہی دیکھ لیتا تو اس پر حقیقی صورتحال یقیناً روشن ہو جاتی تھی۔

دوسری مثال داعش کے معاملے میں روزنامہ ''قاصد'' دہلی کے مدیر اشہر ہاشمی نے اپنے ایک اداریہ میں پیش کی ہے۔ وہ لکھتے ہیں:"پورا عالمی میڈیا اس وقت عالم اسلام کی جو تصویر پیش کر رہا ہے وہ اصل سے بعید، پیچیدہ اور گمراہ کن ہے۔ ہم بڑے شوق سے یہ تمام خبریں چھاپتے ہیں یہ جانے بغیر کہ اصل واقعہ کیا ہے۔ صرف ایک مثال سامنے رکھیں۔ غزہ میں حماس کے خلاف جس وقت اسرائیلی وحشت اور درندگی کا بازار گرم تھا اسی وقت عراق اور شام میں داعش بھی شریک کلمہ مسلمانوں پر ویسی ہی بربریت کا مظاہرہ کر رہی تھی جیسی بربریت کا مظاہرہ غزہ میں تھا۔ لیکن عالمی پریس غزہ کو اچھال رہا تھا۔ عراق کی صورتحال کی پردہ پوشی کر رہا تھا۔ ریکارڈ ہمارے سامنے ہے کوئی بھی اردو اخبار اٹھا کر دیکھ لیں۔ غزہ کی خبریں ان کے احتجاج، ردعمل، بیان بازی سے اخبارات بھرے پڑے ہیں۔ 25 سال جنگ سے تباہ حال عراق میں بچی کھچی امید پر بھی پانی پھیرنے والی ایک زیادہ سفاک اور تباہی خیز مہلک طاقت داعش کے خلاف نہ کسی رنج کا اظہار ہوا نہ احتجاج کا۔ یہ صورتحال اس بات کا تقاضا کرتی ہے کہ خبروں کے انتخاب اور ترسیل اور اشاعت میں توازن لانے کی کوشش کے ساتھ اس کا لحاظ رکھا جائے کہ اردو پریس مغرب کے پروپیگنڈہ میں شریک نہ ہو۔"

آن لائن جرنلزم نے بلاشبہ اشاعتی ذرائع ابلاغ کے بالمقابل چند نئے اقدار کو عروج پر پہنچایا ہے۔ پہلے کہا جاتا تھا کہ اخبار کی زندگی ایک روزہ ہوتی ہے مگر آج کی آن لائن صحافت نے اس تصور کو یکسر ختم کر دیا ہے۔ جس کا ایک فائدہ جہاں تحقیقاتی صحافیوں کو موضوعاتی تحقیق کے حوالے سے گذشتہ ایام کے مواد تک بآسانی رسائی کے ذریعے حاصل ہوا ہے تو زبان وادب کی درستگی کے ہمہ جہتی مواقع نے بھی عام قاری یا ناظر کو مستفید کیا ہے۔

خبر یا مضمون کی کسی بھی وقت تدوین یا ردوبدل واضافہ آن لائن صحافت کی خصوصیات میں شامل

ہے۔ جبکہ اردو صحافت کے حوالے سے عموماً یہ شکایت عام ہے کہ پروف ریڈنگ کی غلطیاں اور لسانی اصول وضوابط سے صرف نظر کیا جاتا ہے۔ اشاعتی ذرائع ابلاغ میں شاید یہ خامی قابل نظرانداز ہو کہ گذشتہ دن کے اخبار کو نہ کوئی پوچھتا ہے اور نہ ہی وہ محفوظ رکھا جاتا ہے ۔مگر یہی بات آن لائن صحافت کے اصول واقدار کے حوالے سے درست نہیں کہلائی جا سکتی۔ کیونکہ آن لائن اخبار صرف ایک دن کے لیے نشر نہیں ہوتا بلکہ عین دوسرے دن سے تاریخ وتحقیق کا قابل دسترس حصہ بھی بن جاتا ہے۔اور سرچ انجن قاری کو اس کی تلاش پر صرف وہی بتائیں گے جو اخبار کی ویب سائٹ پر محفوظ ہو۔غلط املا یا صرف ونحو کی خامیوں کے سبب ایک تو درست مواد متلاشی کی دسترس تک پہنچ نہ پائے گا ،دوسرے ایک غلط زبان انٹرنیٹ سرچنگ کے ڈیٹابیس میں فروغ پاتی جائے گی۔اور بہت ممکن ہے مستقبل کا اردو صحافی انہی سرچ انجنز کے نتائج کے حوالے سے عام قاری یا ناظر کو یہ باور کرائے کہ لفظ عوام "جمع مذکر" نہیں بلکہ "واحد مونث" ہے۔ درست لفظ "برافروختہ" نہیں "بروفراختہ" ہے کیونکہ گوگل سرچ کے ذریعے لفظ "بروفراختہ" بھی کئی اردو خبروں اور مضامین میں مل جاتا ہے
۔

لہذا یہ ذمہ داری بھی آن لائن صحافت سے وابستہ افراد اور اداروں کی ہے کہ وہ درست زبان کی حفاظت اور انٹرنیٹ پر اس کے فروغ کی خاطر خامی کی نشاندہی پر تدوین کے اختیار کا استعمال کرتے ہوئے زبان کے تئیں اپنی ذمہ داری کا فرض نبھائیں۔

ایک تصویر ہزار الفاظ پر بھاری ہے۔اس مقولہ نے آن لائن جرنلزم کو بھی کافی حد تک متاثر کیا ہے۔ بلکہ یہ کہا جائے تو بے جا نہ ہوگا کہ اشاعتی ذرائع ابلاغ پر نشریاتی ذرائع ابلاغ کی ایک لحاظ سے برتری تصویر اور آڈیو ویڈیو کے ذریعے ہی ممکن ہوئی ہے۔سوشل میڈیا پر موقع کی مناسبت سے تصویر یا ویڈیو کی فوری اشاعت نے کس قسم کے انقلابات لائے ہیں یہ تقریباً ہر عام آدمی جانتا ہے۔مگر اس سہولت کے منفی استعمال نے آن لائن جرنلزم کی شہرت کو نقصان

ہی پہنچایا ہے۔ یہی سبب ہے کہ مغربی مقالہ نگار اسٹیفن وارڈ نے آن لائن جرنلزم کی اخلاقیات واقدار کے حوالے سے تحریر کردہ مضمون میں ڈیجیٹل تصاویر کو موضوعِ بحث بناتے ہوئے کہا ہے کہ "بآسانی تصاویر کھینچنے ،آن لائن نشر کرنے اور پھر اس میں ہیرا پھیری کرنے کے بڑھتے واقعات نے فوٹو جرنلزم کے ان روایتی اصول واقدار پر سنگین ضرب لگائی ہے جو غیر ڈیجیٹل دور میں تصاویر یا ویڈیو کی نشر واشاعت کے لیے مدون کیے گئے تھے۔"

ایسے واقعات آن لائن اردو صحافت میں بھی دیکھے جا رہے ہیں جس کے سدباب کی جانب انفرادی، اجتماعی اور ادارہ جاتی سطح پر توجہ دی جانی چاہیے۔

موجودہ دور میں آن لائن صحافت کا سب سے بڑا ہتھیار سوشل میڈیا باور کیا جاتا ہے جس میں فیس بک، ٹوئٹر، گوگل پلس ، پن انٹرسٹ، لنکڈ ان، ٹمبلر ، انسٹا گرام، فلکر وغیرہ شامل ہیں۔ چونکہ اشاعتی ذرائع ابلاغ پر آن لائن صحافت کی واضح برتری "بریکنگ نیوز" کے حوالے سے مانی جاتی ہے۔ لہذا ان تمام میں مقبول ترین سوشل میڈیا کا مقام "ٹوئٹر" نے حاصل کیا ہے۔ اس نے دیگر سوشل میڈیا پلیٹ فارم مثلاً فیس بک اور گوگل پلس کے مقابلے میں جتنی تیزی سے مقبولیت حاصل کی ہے وہ اپنی مثال آپ ہے۔ درحقیقت ٹوئٹر ایک ایسا پلاٹ فارم ہے جس کے ذریعے کوئی بھی صحافی یہ جان سکتا ہے کہ کسی بھی لمحے دنیا میں کب کہاں اور کیسے کیا ہو رہا ہے؟ کہا جاتا ہے کہ انگریزی اور دیگر غیر ملکی زبانوں کے اخبارات کے صفحہ اول کے پرنٹ ایڈیشن کی سرخیاں ٹوئٹر ہی کی بریکنگ نیوز کے سہارے طے ہوتی ہیں۔ ہندوستانی میڈیا (انگریزی اور ہندی) کی نامور ہستیاں، سیاست داں، صحافی، سماجی جہد کار اور فلمی شخصیات وغیرہ ٹوئٹر پر جہاں فعال نظر آتی ہیں وہیں عوامی ذہن سازی کا ہنر بھی ان کی ٹوئٹس سے نمایاں نظر آتا ہے۔ گو کہ ٹوئٹر پر آج سے ڈھائی برس قبل دائیں سے بائیں لکھی جانے والی چار زبانوں (اردو، عربی، فارسی اور عبرانی) کی سہولت فراہم کی گئی تھی مگر اس کے باوجود ہندوستانی

اردو صحافت سوشل میڈیا کے اس اہم ترین پلیٹ فارم پر کم ہی نظر آتی ہے۔اردو میں ٹوئٹ کرنے والے ہندوستانی اردو صحافیوں کی تعداد شاید 20 سے بھی کم ہوگی۔جبکہ پڑوسی ملک پاکستان سے یہی تعداد بلا مبالغہ 100 سے اوپر ہے۔

ہندوستانی اردو صحافیوں کے لیے ضروری ہے کہ وہ رومن اردو یا انگریزی کے ساتھ ساتھ اردو رسم الخط میں بھی ٹوئٹ کرنے کے رجحان کو فروغ دیں۔یا کم از کم اردو کے مقامی یا علاقائی اخبارات کی اہم سرخیوں کو ہی ٹوئٹ کر کے اپنی زبان کو سوشل میڈیا پر عوامی طاقت کا منبع بنایا جاسکتا ہے۔

برقی و مواصلاتی تکنالوجی کی تیز رفتار ترقی کے باعث آج دنیا ایک مختصر سے گاؤں میں تبدیل ہوچکی ہے۔اب دنیا کے کسی بھی حصہ میں ہونے والا واقعہ یا سانحہ لمحہ بھر میں دنیا کے کونے کونے میں ہر زبان میں پہنچ جاتا ہے۔آن لائن صحافت نے ابلاغی و مواصلاتی شعبے کی ریڑھ کی ہڈی کا درجہ حاصل کیا ہے۔اردو زبان کے صحافیوں کو بھی اس شعبے میں زیادہ سے زیادہ آگے آکر جہاں اپنی زبان اور تہذیب کی بقا و ترقی میں حصہ لینا چاہیے وہیں اپنی خداداد لیاقت و صلاحیتوں کی بین الاقوامی شناخت کے مواقع سے بھی وہ فیضیاب ہوسکتے ہیں۔

اس طرح وہ قارئین و ناظرین بھی جو کسی سبب اپنے ملک و معاشرے سے دور ہیں کسی غیر زبان کے بجائے اپنی ہی اردو زبان کے ذریعے اپنے وطن اور ہم وطنوں سے رابطے میں رہنے کی سہولت سے مستفید ہوسکتے ہیں۔

سید مکرم نیاز

(مدیر آن لائن اردو نیوز پورٹل "تعمیر")

فراقؔ گورکھپوری کی رباعیوں میں ہندوستانی روپ

اردو زبان وادب نے ہمیشہ ہندوستانی تہذیب وثقافت کو اپنا موضوع بنایا ہے۔اس زبان نے جہاں ایک طرف داستانوں، ناولوں اور افسانوں میں ہندوستان کی گنگا جمنی تہذیب کی عکاسی کی ہے تو وہیں شاعری میں اس کے جوہر اور بھی کھل کر سامنے آئے ہیں، مسلمانوں نے تو ہندوستانی تہذیب وثقافت کو پیش کرنے میں ہمیشہ پیش پیش رہے ہی تو وہیں ہندوؤں نے بھی ان سے قدم ملا کر قومی یکجہتی کا ثبوت پیش کیا، جن میں برج نرائن چکبست، دیا شنکر نسیم، دتا تریہ کیفی، اور تلوک چند محروم وغیرہ کے نام لیے جا سکتے ہیں۔انہیں بڑے اور اہم شعرا میں ایک نام رگھوپتی سہائے فراق گورکھپوری کا بھی ہے۔ جنھوں نے انسانی زندگی، اور ہندوستانی تہذیب کے مظاہر پر غور وفکر کر کے ہندوستانی جمالیات کو اپنا موضوع بنایا، جس کی عکاسی ان کی رباعیوں کے مجموعے ''روپ'' میں دیکھنے کو ملتے ہیں۔ ہندوستانی تہذیب ایک ملی جلی تہذیب ہے، اور تہذیبیں مختلف تہذیبوں کی آمیزش اور پیوندکاری سے ہی نشوونما پاتی ہیں۔اسی لیے کہا جاتا ہے کہ کوئی بھی تہذیب خالص نہیں ہوتی اور نہ ہی تا دیر قائم رہتی ہے، جیسا کہ فراق کا ماننا ہے:

صحرا میں زماں ومکاں کے کھو جاتی ہیں
صدیوں بیدار رہ کے سو جاتی ہیں
اکثر سوچا کیا ہوں خلوت میں فراق
تہذیبیں کیوں غروب ہو جاتی ہیں

فراق نے ہندوستان کی تاریخ، کلچر، رہن سہن، وغیرہ جیسے موضوعات کو بڑی دلچسپی کے ساتھ پیش کرنے کی کوشش کی ہے۔ جس کی منظر کشی ذیل کے اشعار میں کی گئی ہے۔

سانچی کے فنکار، اجنتا کے قلم کار
وہ تاج محل حسن کا وہ جادوئے بیدار
عہد قطب الدین کا فلک بوس وہ مینار
دنیا کو ایک آئینہ تہذیب کریں گے
ہم زندہ تھے، زندہ ہیں، زندہ رہیں گے

فراق نے ہندوستان کی تہذیب وثقافت کے پس منظر میں خواتین کو خاص مقام عطا فرمایا ہے۔ ان کے خیال میں عورت تہذیب بشر کی روح رواں ہے، وہ تخلیق اور حسن کی علامت ہے۔ روپ کی رباعیوں میں انھوں نے ہندوستانی عورت کے حوالے سے ہندوستان کی عوامی تہذیب کے رنگا رنگ مظاہر کو نہ صرف دریافت کیا بلکہ اسے اپنی شاعری میں بھی پیش کیا ہے۔ فراق سے قبل اردو شاعری میں عورت ایک بے وفا ہر جائی یا پھر ایک طوائف کے روپ میں نظر آتی ہے، مومن اور حسرت کے یہاں پردہ نشین محبوبہ کی شکل میں نمودار ہوتی ہے۔ مگر فراق نے ایک عورت کے جذبات، گھریلو ماحول، اور رسم و رواج میں اس کا حصہ، اس کے غم، دکھ درد کی ٹیس، اس کے سہانے خواب، وغیرہ کو شامل کر کے اردو شاعری کے دامن کو نہ صرف وسیع کیا بلکہ ہندوستانی تہذیب کا ایک نیا روشن تصور فراق کی ان رباعیوں کے ذریعہ اردو ادب میں داخل

ہوا، اوراس کی ایک جاندار روایت بن گیا۔ جس کی کچھ مثالیں پیش خدمت ہیں۔

آنسو بھرے بھرے وہ نینا رس کے
ساجن کب ائے سکھی تھے اپنے بس کے
یہ چاندنی رات یہ برہ کی پیڑا
جس طرح الٹ گئی ہو ناگن ڈس کے

کس پیار سے دے رہی ہے بیٹھی لوری
ہلتی ہے سڈول بانہہ گوری گوری
ماتھے پہ سہاگ، آنکھ میں رس، ہاتھوں میں
بچے کے ہنڈولے کی چمکتی ڈوری

جب جھولا جھولنے میں ساون وہ گائے
کروٹ قوس قزح کو رہ رہ کے دلائے
وہ پینگ بڑھانے میں لچکا ہوا جسم
آئینہ نیلگوں میں بجلی لہرائے

مکھڑا دیکھیں تو ماہ پارے چھپ جائیں
خورشید کی آنکھ کے شرارے چھپ جائیں
رہ جانا وہ مسکرا کے ترا کل رات
جیسے کچھ جھلملاتے تارے چھپ جائیں

گل ہیں کہ رخ گرم کے ہیں انگارے
بالک نین سے ٹوٹتے ہیں تارے
رحمت کا فرشتہ بن کے دیتی ہے سزا
ماں ہی کو پکارے اور ماں ہی مارے

جس درجہ سکوں نما ہیں ابرو کے ہلال
خیر و برکت کے دھن لٹاتی ہوئی چال
جیون ساتھی کے آگے دیوی بن کر
آتی ہے سہاگن سجائے ہوئے تھال

چہرے پہ ہوائیاں، نگاہوں میں ہراس
ساجن کے برہ میں روپ کتنا ہے اداس
مکھڑے پہ دھواں دھواں لٹاؤں کی طرح
بکھرے ہوئے بال ہیں کہ سیتا بن باس

لہروں میں کھلا کنول نہائے جیسے
دوشیزۂ صبح گنگنائے جیسے
یہ روپ، یہ لوچ، یہ ترنم، یہ نکھار
بچہ سوتے میں مسکرائے جیسے

ہندوستان کی تہذیب دنیا کی اعلیٰ ترین تہذیبوں کے اتصال سے بنی تھی، لیکن آج جس طرح قدیم تہذیب کو نئی زندگی دے کر مشترکہ تہذیب کو ختم کرنے کی منظّم سازش کی جارہی

ہے۔اس سے یقیناً فراق کو تکلیف ہوتی،اس لیے ہمیں بھی چاہیے کہ ہم ان ناپاک عزائم کو پھلنے پھولنے نہ دیں۔

ڈاکٹر عبدالقدوس
(صدر شعبہ اردو حسینی علم کالج حیدرآباد)

سماجی اقدار کے فروغ میں اُردو ڈراما کا حصہ

اُردو ادب کا سب سے بڑا اعجاز رہا ہے کہ وہ ہمیشہ ہی سے انسانی مسائل اور اخلاقی اقدار کی پاسدار رہی ہے اِس کے ساتھ ساتھ حیات و کائنات کے موضوعات پر بھی روشنی ڈالتی رہی ہے۔اِس کا طرزِ بیاں شیریں اور سہل رہا ہے جو ایک تعلیمیافتہ ،مہذب انسان سے لے کر ایک غیر تعلیمیافتہ ،اَن پڑھ اور جاہل وگنوار تک کو با آسانی سمجھ میں آئے۔ اُردو ادب نے انسانی قلوب کو تسکین پہنچانے کا کام بھی کیا ہے' اِس کی یہی خصوصیات نے اِسے ہر دور میں مقبول وسہل زبان کا درجہ عطا کیا ہے پھر چاہے وہ گذری ہوئی صدی ہو یا پھر موجودہ صدی ہی کیوں نہ ہو۔اُردو زبان کی تقریباً تمام ہی اصنافِ سخن اُردو ادب کے اِس اعجاز سے عاری نہیں ہیں۔اُن ہی میں سے ایک ڈراما بھی ہے جو ہر دور میں ہر طبقہ کے افراد کے حسبِ ضرورت کام آتا رہا۔عرصہ دراز تک اس نے اُمراء کی دل بہلائی کا کام کیا تو کبھی اِسے وقت گذاری کا وسیلہ بھی بنایا گیا لیکن بدلتے حالات کے مطابق اِس نے خود کو بدلتے ہوئے جد وجہدِ آزادی میں نہ صرف

حصّہ لیا بلکہ غریبوں، محنت کشوں، مزدوروں، عورتوں اور مظلوموں کی ہمّت افزائی کی۔ تو کبھی اِس نے سیاسی دھوکہ بازوں اور جعلسازوں کو بے نقاب کیا' تو کبھی سماجی گندگی کو صاف کرنے کا کام اِس سے لیا گیا۔ لُٹیروں، ٹھگوں اور غیر سماجی عناصر کی پسپائی بھی اِسی نے کی ' تو کبھی زوال آمدہ معاشرہ پر طنز کیا اور سماجی تہذیب کے فروغ میں بڑھ چڑھ کر حصّہ لیا

جیسا کہ ہم بخوبی جانتے ہیں کہ جدید سائنس اور ٹکنالوجی نے بے پناہ ترقی کی ہے جہاں وسائل کا دائرہ کار وسیع ہوا ہے وہیں دُنیا قومی اور بین الاقوامی مسائل سے بھی دوچار ہے ،صنعتی تمدن کی وجہ سے انسانی قدریں گھٹتی جارہی ہیں، آدمی کی شناخت ختم ہوتی جا رہی ہے، ہر فرد اپنے حصّار میں گم اور مادیت پسندی کا شکار ہوتا چلا جارہا ہے۔ ہر شعبۂ زندگی میں حد سے زیادہ مقابلہ و مسابقت نے انسان کو خود غرض بنا دیا ہے جس کی وجہ سے کئی مسائل سماج کے تہذیبی فروغ میں رخنہ ڈال رہے ہیں۔ مذہب ،زبان، رنگ، قوم و ملّت اور نسل کی بنیاد پر ساری دُنیا میں فسادات، تصادم اور خونریزی بڑے پیانے پر جاری ہے جس کی وجہ سے موجودہ دور میں انسان ہر لمحہ مٹ جانے کے خوف سے پریشان ہے۔ ضمیر فروشی، حق تلفی، جھوٹ، بزدلی، بے ایمانی اور مکاری کی سیاست اور مصلحت کے اہم معنیٰ قرار دینے کا عالمگیر رُجحان اس عہد کے کھوکھلے پن، سطحیت اور خود غرضی کا آئینہ دار ہے۔ آبادی میں بے ہنگم اضافہ، بے روزگاری، غربت اور افلاس، ذات پات، رنگ و نسل اور قومیت کی تعریف کی بناء پر ذرائع معاش اور مواقع روزگار کی کمی نے بے کاری، سماجی دباؤ، گھٹن اور تشدد کی نفسیات کو بڑھاوا دیا ہے جس کی وجہ سے سماج میں اخلاقی گراوٹ کا گراف بڑھتا ہی جارہا ہے یہ ایسے مسائل ہیں جن کا حل ڈھونڈنا انسانیت کی بقاء کے لئے نہایت ضروری ہے۔ ' کاغذ کی دھجی ' جیسے شاہکار ڈرامے میں ابراھیم یوسف نے معاشرے کی اِن ہی غیر اخلاقی قدروں پر طنز کیا ہے اور قارئین و ناظرین کو یہ درس دیا ہے کہ

بُزرگوں کی تعظیم میں ہی بھلائی
پوشیدہ ہے عاصم میاں اور عالیہ کے کرداروں کا شمار سماج میں تہذیب کو فروغ دینے والوں میں کیا جاسکتا ہے جو صاف گوئی اور نیکی
و بھلائی کا مجسمہ ثابت ہوئے ہیں گویا یہ کردار مشرقی تہذیب کے نمائندہ ہیں۔ اِس طرز کے ایک اور ڈراما 'دیوار' ۲ میں بھابی کے تقدس کو ڈراما نگار شمیم حنفی نے پیش کیا ہے۔ ہمارے ہندوستانی سماج میں بھابی کو ماں کا درجہ حاصل ہے جس کا ہر حال میں احترام کرنا ہر دیور پر فرض ہے۔

اِسی ڈراما میں شمیم حنفی نے ایک اور کیفیت یہ بھی اُبھاری ہے کہ بیوہ عورتیں کس طرز کی زندگی گذارنے پر مجبور ہیں، بے جاہ رسوم و رواج اور توہم پرستی کی شکار یہ بیوہ عورتیں سماج میں اپنا مستحق مقام حاصل کرنے سے بھی قاصر ہیں یہ جواز بھی ڈراما نگار نے پیش کیا ہے کہ ان بے جاہ رسوم و رواج نے غیر سماجی حرکات و غیر اخلاقیت کو فروغ دیا ہے اور فحاشیت کو بڑھاوا ملنے کی بھی یہی وجہ ہے جو سماج و معاشرہ کو بگاڑ کی جانب لے جارہا ہے۔ مادیت پسند انسان عیش و آرام کا متمنّی ہے حتیٰ کہ وہ اپنی اِس خواہش کو پورا کرنے کے لئے اپنا سب کچھ قربان کردینے کے لئے تیار ہے نہ صرف اپنا ضمیر بلکہ اپنا جسم بھی۔ شاید یہ بھی ایک وجہ ہے جو سماج اور معاشرہ میں بُرائی پھیلا رہی ہے آج ناجائز تعلقات جسے عرفِ عام میں ڈیٹنگ کہتے ہیں نوجوان لڑکے و لڑکیوں میں بیماری کی طرح پھیل رہا ہے یہ ایک ایسا سُلگتا ہوا موضوع ہے جس کو بے خوف ڈراموں میں جگہ دی جاسکتی ہے اور اختتامِ ڈراما پر یہ اخلاقی درس دیا جاسکتا ہے کہ ہمیشہ بُرائی کا منہ کالا ہوتا ہے اور سچائی کا بول بالا ہوتا ہے۔ 'بڑھتے قدم اور زنجیریں' ۳ نامی ڈراما میں ڈراما نگار نے اسقاطِ حمل جیسی سماجی ناسور کو اپنے ڈراما کے مرکزی خیال کے طور پر پیش کرتے ہوئے اِس بات کو ثابت کیا کہ ہر اعتبار سے یہ بُری بات ہے جس کی وجہ سے سماج اور معاشرہ میں ذلت اور رسوئی کا سامنا کرنا پڑسکتا ہے مگر انسان کو اِس کی مجبوریاں اور حالات ایسے دوراہے پر لا کھڑا کردیتے ہیں کہ اس سے ایسی غلطیاں سرزد ہو ہی جاتی ہیں اور وہ ایسے مواقعوں پر اپنی نفس کا شکار ہو ہی جاتا

ہے اِس ڈرامے کا کردار 'ایوا' بھی اپنی ماضی کی غلطی کو اسقاطِ حمل کے ذریعہ سُدھارنا چاہتی ہے اور اِس گناہ سے بے نیاز ہونا چاہتی ہے جو اس نے کبھی مسٹر رائے کے ساتھ کیا تھا بہر کیف اِس ڈراما میں یہ مثبت درس دیا گیا ہے کہ اپنے نفس پر قابو رکھیں اور کسی بھی مجبوری کے تحت کوئی بھی غلط فعل کی انجام دہی سے اجتناب برتنے کی سعی کریں۔ ڈراما نگاروں نے ہمیشہ غیر سماجی عناصر سے ہوشیار رہنے کی تاکید اپنے ڈراموں میں کی ہے جو ایک مقام سے دوسرے مقام صرف دھوکہ دہی اور جعلسازی کی غرض سے نقلِ مقام کرتے ہیں۔ لوگوں کو بیوقوف بنانا اور روپئے اینٹھنا ہی ان کا کام ہوتا ہے دورِ حاضر کا معاشرہ بھی ایسے ہی افراد سے بھرا پڑا ہے اِسی نوعیت کے کئی فرم اور کمپنیاں آج بھی سرگرم دکھائی دیتی ہیں جو عوام کو دھوکہ دے کر دولت بٹورنے کا کام انجام دے رہی ہیں۔ 'تِگڑم' ۴؎ نامی ڈراما میں بھی اِس طرح کے جعلساز اور دھوکے باز افراد سے احتیاط برتنے کی تلقین ڈراما نگار نے کی ہے۔ ایک اور ڈراما 'دھانی بانکیں' ۵؎ میں ڈراما نگار عصمت چغتائی نے بھائی چارگی، تہذیبی اقدار، یکجہتی اور ملنساری کو فروغ دیا ہے جس میں دو مختلف مذاہب کے ماننے والے ایک دوسرے کو بھائی کی طرح پیار کرتے ہیں دورانِ فساد اپنے شوہروں کے گذر جانے کے باوجود بھی دو پڑوسی عورتیں اپنے بچوں کو میل جول، بھائی چارگی اور محبت کا درس دیتی ہیں اور فساد کے دوران ایک دوسرے کی خیر و عافیت چاہتی ہیں۔ اِس بات سے قطعی انکار نہیں کیا جا سکتا کہ

جنگ اور فسادات انسانی زندگی اور اِس کی اخلاقی قدروں کا شیرازہ بکھیر دیتی ہیں۔ فساد کی ہولناکیاں، عورتوں کا اغواء، زنا بالجبر، قتل و غارت گری سے ہونے والے نقصانات کی طرف ہمشہ ڈراما نگاروں نے توجہ دلائی ہے۔ کرشن چندر کے مشہور افسانہ 'جامن کا پیڑ' سے اخذ کردہ ڈراما 'بڑی دیر کی مہرباں آتے آتے' ۶؎ میں سرکاری کام کاج کے طریق کار کو ہدف تنقید کا نشانہ بنایا گیا ہے جس میں کام کے سسٹم کو تو اہمیت حاصل ہے مگر تلف ہوتی ہوئی انسانی جان کی کوئی قدر و قیمت نہیں، ساتھ ہی ساتھ سیاسی ہتھکنڈے استعمال کرنے والے افسروں پر بھی تنقید کی گئی

ہے۔ اگر ہم اِس عہد کے سماجی اور سیاسی مسائل پر سنجیدہ غور وفکر کریں تو ہمیں یہ نتیجہ اخذ کرنے میں کوئی دقت نہیں ہوگی کہ ڈراما ہی ایک ایسا واحد ہتھیار ہے جس سے سماج کے تہذیبی زوال آمدہ گراف کو کچھ حد تک روکا جاسکتا ہے اور اِسے لازوال بنانے کی سعی کی جاسکتی ہے جس سے ہمارے وطن ،قوم اور عالمِ انسانیت کی فلاح ہو۔ سیاسی' سماجی، معاشی ،تہذیبی ،نفسیاتی اور اقتصادی چاہے کسی بھی نوعیت کا ڈراما کیوں نہ ہومگراس سے تعمیری کام لیا
جاسکتا ہے اور ڈراما کے قارئین اور ناظرین کو اِس بات پر آمادہ کیا جاسکتا ہے کہ وہ مسائل کا حل ڈھونڈ نکالیں اور جہاں تک تہذیبی فروغ کا معاملہ ہے تو قومی تہذیب کے بارے میں بیسویں صدی کے چوتھے دہے میں تصنیفی زندگی کا سفر شروع کرنے والے ممتاز ادیبوں کی آخری کڑی سمجھے جانے والے ماہر ادیب احمد ندیم قاسمی' جن کی تخلیقات اپنے عہد کی سماجی اور سیاسی مسائل پر سنجیدہ غور وفکر کی آئینہ دار ہوتی تھیں، اُن کا ماننا ہے کہ

تہذیب کے عالموں کا فرض ہے کہ وہ قوم کے تہذیبی خدوخال نمایاں کرنے بیٹھیں تو یہ کام بے حد وسیع القلبی سے کریں اور تعصّبات کو راہ نہ پانے دیں۔ بلاشبہ مذہب کسی تہذیب کی تشکیل میں نہایت نمایاں کردار ادا کرتا ہے مگر یہ بھی طئے ہے کہ اِس میں ہر ملک کی آب وہوا اور اِس کی تاریخ کا بھی اہم حصّہ ہوتا ہے '' ے

ڈراما نگاروں نے سماج میں تہذیبی فروغ کی خاطر مشترکہ تہذیب کو پروان چڑھانے کی ہر ممکنہ کوشش کی ہے۔ اکثر و بیشتر اسٹیج کئے جانے والے ڈراموں میں تہذیبی فروغ کو ایک خاص مقام حاصل رہا ہے۔ محلِ سرا، محبوبِ دکن اور محمد قلی جیسے دورِ حاضر میں پیش کئے جارہے ڈرامے اِسی کی مثال ہیں ابتداء سے لے کر آج تک کئی نشیب وفراز کو طئے کرتا ہوا ڈراما آج جدید ٹکنالوجی کے دور میں بھی اپنی بقاء قائم رکھنے میں کامیاب نظر آتا ہے۔ ہر دور کے ڈراما نگاروں نے اپنے ڈراموں میں نت نئے مسائل کو جگہ دیتے آرہے ہیں۔ قارئین اور ناظرین

کے سماجی شعور کو بیدار کرنے کے ساتھ ساتھ اِن کے فنی ارتباط ، ذوقِ جمال کی تسکین بھی ڈراما نگار کا فرض ہے ساتھ ہی یہ بھی کوشش کی جائے کہ ڈراموں میں دورِ حاضر کے سماجی ، مذہبی اور تہذیبی مسائل کی شناخت ایسے فنکارانہ انداز میں کی جائے کہ ناظر و قاری کی تمام حس سماجی ، سیاسی اور جمالیاتی اگر مُردہ بھی ہو جائے تو جاگ پڑیں۔ ڈراما نگاروں کو اِس بات کا بھی خاص خیال رکھنا چاہیئے کہ وہ جس مواد یا موضوع کا انتخاب کر رہے ہیں وہ اُسی ماحول کے پروردہ ہوں تا کہ سماج کے تہذیبی فروغ میں اُردو ڈراما سرگرم رول ادا کر سکے ۔

ڈاکٹر سید حامد مہتاب

(عثمانیہ یونیورسٹی حیدرآباد)

اکبر کی نظم تعلیم نسواں کا تہذیبی مطالعہ

اکبر حسین اکبر الہ آبادی (1921-1846) طنز و مزاح کے بڑے شاعر گزرے ہیں۔ اُنھوں نے مغلیہ سلطنت کے زوال اور مسلمانوں کی پستی اور انگریزی تہذیب کے عروج کا زمانہ دیکھا۔ انہوں نے اپنی شاعری کے ذریعے لوگوں میں تعلیم اخلاق، مشرقی تہذیبکی پاسداری، اسلامی تہذیب کی حفاظت پر زور دیا اور انگریزی تہذیب اختیار کرنے والے مسلمانوں کو طنز کا نشانہ بنایا۔ اکبر کی شاعری کی ہر زمانے میں تہذیبی اہمیت رہی ہے۔ موجودہ دور میں بھی ہم ان کی شاعری سے اقدار اور تہذیب حاصل کر سکتے ہیں۔ اکبر کی ایک مشہور نظم ''تعلیم نسواں'' ہے۔ جس میں انہوں نے لڑکیوں کی تعلیم و تربیت سے متعلق بہت سی کام کی باتیں بتائیں۔ اکبر کی نظم اس طرح ہے کہ

تعلیم عورتوں کو بھی دینی ضرور ہے

لڑکی جو بے پڑھی ہو تو بے شعور ہے
حسن معاشعرے میں سراسر فتور ہے
اور اس میں والدین کا بے شک قصور ہے
ان پر یہ فرض ہے کہ کریں کوئی بندوبست
چھوڑیں نہ لڑکیوں کو جہالت سے شادومست
لیکن ضرور ہے کہ مناسب ہو تربیت
جس سے برادری میں بڑھے قدرومنزلت
آزادیاں مزاج میں آئیں نہ تمکنت
ہو وہ طریق جس میں نیکی و مصلحت
ہر چند ہو علوم ضروری کی عالمہ
شوہر کی ہو مرید تو بچوں کی خادمہ
مذہب کے جو اصول ہوں اس کو بتائے جائیں
با قاعدہ طریق پرستش سکھائے جائیں
اوہام جو غلط ہوں وہ دل سے مٹائے جائیں
سکے خدا کے نام کے دل میں بٹھائے جائیں
عصیاں سے محترز ہو خدا سے ڈرا کرے
اور حسن عاقبت کی ہمیشہ دعا کرے
تعلیم خوب ہو گو نہ آئے گی دام میں
خالق پہ لو لگائے گی وہ اپنے کام میں
خیرات ہی سے ہو گی غرض خاص و عام
اس کو سکھایا جائے یہ واضح کلام

اچھا برا جو کچھ ہے خدا کے ہاتھ ہے
نیکی اگر کرے گی تو فطرت بھی ساتھ ہے
تعلیم ہے حساب کی بھی واجبات سے
دیوار پر نشان ہیں تو واہیات ہے
یہ کیا زیادہ گن نہ سکے پانچ سات سے
لازم ہے کام لے وہ قلم اور دوات سے
گھر کا حساب سیکھ لے خود آپ جوڑنا
اچھا نہیں ہے غیر پہ یہ کام چھوڑنا
دنیا میں لذتیں ہیں نمائش ہے شان ہے
ان کی طلب میں حرص میں سارا جہاں ہے
اکبر سے سنو کہ جو اس کا بیان ہے
دنیا کی زندگی فقط اک امتحاں ہے
حد سے جو بڑھ گیا تو ہے اس کا عمل خراب
آج اس کا خوشنما ہے مگر ہوگا کل خراب

اس طرح ہم دیکھتے ہیں کہ اکبر الہ آبادی نے نظم ''تعلیم نسواں'' میں لڑکیوں کی تعلیم و تربیت پر زور دیا ہے۔ اکبر نے یہ نظم اس وقت لکھی تھی جب لوگوں میں تعلیمی شعور کم تھا اور لوگ اپنی لڑکیوں کو تعلیم اور ہنر نہیں سکھاتے تھے۔ جس کے سبب لڑکیاں شادی کے بعد اپنے بچوں کی مناسب تربیت نہیں کر پاتی تھیں اور اپنی زندگی بھی اچھی گذار نہیں پاتی تھیں۔ اس خیال کی تائید میں کہ ایک لڑکی کی تعلیم ایک خاندان کی تعلیم ہوتی ہے اکبر نے یہ نظم لکھی۔ نظم ''تعلیم نسواں'' مسدس کی ہئیت میں لکھی جس میں ہر بند میں چھ مصرعے ہوتے ہیں۔

نظم کے آغاز میں تعلیم کی اہمیت بیان کرتے ہوئے اکبر کہتے ہیں کہ لڑکیوں کو تعلیم و

تربیت دینا اور انہیں زندگی کے ہنر سکھانا ضروری ہے۔ اگر لڑکی ان پڑھ رہ گئی تو وہ بے شعور رہے گی۔ زندگی گذارنے کے ڈھنگ اور رہن سہن کے طریقوں سے واقف نہ رہے گی۔ لڑکی کی جہالت میں والدین کا قصور ہوتا ہے۔ ان کی ذمہ داری ہے کہ وہ اپنی لڑکیوں کی اچھی پرورش کرنے کے ساتھ ساتھ ان کی مناسب تعلیم و تربیت کا انتظام کریں اور انہیں ان پڑھ اور جاہل رہنے نہ دیں۔ معاشرتی تعلیم پر زور دیتے ہوئے اکبر کہتے ہیں کہ لڑکی کی تعلیم و تربیت اچھی ہو تو اس کے اچھے طور طریقوں سے لوگ خوش ہوں گے۔ اور برادری میں اس کی اور اس کے والدین کی عزت ہوگی۔ لڑکی کی تعلیم کا مطلب یہ نہیں کہ وہ آزاد مزاج کی ہو جائے بلکہ وہ نیک صفت خاتون بنے۔ وہ ضروری علوم سیکھے۔ شادی کے بعد اپنے شوہر کی اطاعت کرنے والی اور بچوں کی مناسب تربیت کرنے والی ہو۔ لڑکیوں کو دینی تعلیم دینے پر زور دیتے ہوئے اکبر کہتے ہیں کہ اسے مذہب کی بنیادی تعلیم بھی دی جائے تا کہ اسے عبادات اور احکام شریعت سے واقفیت حاصل ہو۔ مناسب دینی تعلیم سے وہ غلط عقائد سے بچے گی۔ اور ایک اللہ کی عبادت گذار بنے گی۔ اس کی دینی تعلیم اس قدر ہو کہ وہ گناہوں سے بچ کر زندگی گذارے اور ہمیشہ اپنے ایمان پر خاتمے کے دعا کرتی رہے۔ دینی تعلیم کی وجہ سے وہ دنیا داری اور مال کی محبت میں گرفتار نہ ہوگی۔ اور اپنی مرضی کو اللہ کی مرضی پر فوقیت دے گی۔ اسے یہ سکھایا جائے کہ وہ خیرات کرتی رہے۔ اس بات پر ثابت قدم رہے کہ اچھی اور بری تقدیر اللہ کی طرف سے ہوتی ہے۔ اور وہ جو کچھ نیکی کرے اللہ کو راضی کرنے کے لئے کرے۔

اکبر لڑکیوں کو دنیاوی تعلیم و تربیت پر زور دیتے ہوئے نظم میں آگے کہتے ہیں کہ لڑکیوں کو بنیادی ریاضی آنا چاہئے۔ یہ اچھا نہیں کہ وہ دیوار پر نشان لگا کر حساب کتاب کرتی رہے۔ اس کے لئے وہ گنتی اور جمع ضرب سیکھ لے۔ اس کام کے لئے دوسروں کی مدد لینا مناسب نہیں۔ نظم کے آخر میں اکبر نصیحت کرتے ہوئے کہتے ہیں کہ اس دنیا میں لوگوں کے لئے لذتیں ہیں نمائش اور شان و شوکت ہے۔ لوگ دنیا کے مال اور شان و شوکت کی حرص میں آگے بڑھ رہے ہیں۔ جب کہ اکبر کا کہنا ہے کہ یہ

دنیا کی زندگی عارضی ہے اور ایک امتحان کی طرح ہے جو یہاں اللہ کی مرضی کے مطابق زندگی گذارے گا اس کی دنیا اور آخرت دونوں کامیاب ہوگی۔ جو دنیا کی رنگینیوں کے پیچھے پڑ کر رب کی مرضی کو بھول جائے گا اس کی دنیا کچھ وقت کے لئے چمکدار اور رنگین ہو جائے گی لیکن اس کی ہمیشہ ہمیشہ کی آخرت کی زندگی برباد ہو جائے گی اس لئے سمجھدار انسانوں کو اکبر کی نصیحت پر عمل کرنا ہوگا۔

جویریہ (بی کام سال دوم گراج گورنمنٹ کالج نظام آباد)

اُردو مرثیے کا تہذیبی مطالعہ

مرثیہ اردو کی رثائی شاعری کی اہم صنف ہے۔ اس صنف نے نہ صرف اردو شاعری کا دامن وسیع کیا۔ بلکہ دنیائے شاعری میں اردو شاعری کی آبرو بڑھائی۔ اردو مرثیے کی تہذیبی اعتبار سے اہمیت زیادہ ہے۔ اس صنف کے ذریعے صرف واقعات کربلاء کا جذباتی بیان نہیں ہوا بلکہ مرثیے میں پیش کردہ انسانی و تہذیبی قدروں نے اردو شاعری میں تہذیب و اقدار کا خزانہ شامل کر دیا۔

اردو مرثیے کا مطالعہ دلچسپ بھی ہے اور خیال افروز بھی۔ تاریخ اور تہذیب کے اشتراک سے اردو مرثیے کی صنفی شناخت قائم ہوئی ہے۔ مرثیے کے واقعات کا جتنا گہرا تعلق عرب کی تاریخ سے ہے، ان کی پیش کش میں اتنی ہی ہندوستانی اور کسی حد تک ایرانی معاشرت اور بیگمات کے انداز

گفتگو اور طرز بیان کی ترجمانی جھلکتی ہے۔ مرثیے میں ہندوستانی تہذیب کی عکّاسی نہ صرف اودھ اور لکھنوی تہذیب کی مرہونِ منّت ہے بلکہ اس سے پہلے اور بعد میں بھی ہندوستان کے ہر خطے کے مرثیہ نگاروں کے یہاں اس روایت کی کارفرمائی دکھائی دیتی ہے۔ ہندوستان میں اردو مرثیہ نگاری کے ہر عہد میں مرثیے پر یہاں کی تاریخی، سیاسی اور تہذیبی فضا کی چھاپ دیکھی جا سکتی ہے۔

ہندوستان میں اردو مرثیے کی مقبولیت کی اصل وجہ یہ ہے کہ اس صنف شعر کی تہذیبی فضا میں قارئین و سامعین کو اپنائیت کا احساس ہوتا ہے۔ اس اپنائیت کی اساس اصل میں ان تہذیبی جزئیات پر ہے جن کی جڑیں یہاں کے ہر فرقے اور قوم میں پیوست ہیں۔ اگر کہیں سفر کا ذکر ہے تو وہ سفر صرف ریگستان عرب کا سفر نہیں لگتا ہے بلکہ محسوس ہوتا ہے کہ ہم اپنے آس پاس کے مانوس ماحول میں ہیں۔ شادی یا ماتم کی تقریب کا منظر ہے تو اس منظر میں بھی ہندوستانی خطّے یا اودھ کی تہذیب کے رنگ شامل ہیں۔ گویا واقعہ تو عرب کا ہے لیکن اس میں ابھرنے والے نقوش ہندوستانی ہیں۔ جیسا کہ پروفیسر زماں آزردہ نے لکھا ہے:

''اردو مرثیے میں پیش کیے جانے والے کسی بھی ہیرو کو سامنے رکھیے اگر اس مرثیہ کی مدد سے اس شخصیت کی زندگی کا خاکہ آپ کھینچنا چاہیں تو اس میں آپ کو اس کے نام اور مقام کے علاوہ ہر وصف اودھ کی کسی شخصیت کا نظر آئے گا۔'' (1)

بعض ناقدین نے اردو مرثیے کا تہذیبی مطالعہ کرتے ہوئے اسے مرثیے کی کمزوری ٹھہرایا ہے جسے یک رخی شدّت پسندی سے تعبیر کیا جا سکتا ہے۔ مرثیہ نگاروں نے ایسا لاشعوری طور پر نہیں کیا بلکہ مرثیے کو عوام میں مقبول کرنے کے لیے کیا ہے جس مرحلے کی عام مقبولیت کا اندازہ اس سے کیا جا سکتا ہے کہ عزاداری کسی خاص فرقے تک محدود نہیں رہی اور ہر فرقہ کے شعرا نے مرثیے کے تہذیبی سنگم کی آبیاری میں اہم رول ادا کیا۔

اردو مرثیہ، عزاداری اور تہذیبی و معاشرتی رکھ رکھاؤ ایک ایسی تثلیث ہے جس میں سے کسی ایک

کے بغیر دوسرے کا وجود ممکن نہیں۔ اردو مرثیے کا عزاداری اور تہذیب وسماج سے چولی دامن کا رشتہ ہے۔ لہٰذا عزاداری میں مشترکہ تہذیب نے ہندوستان میں بلاتفریق مذہب ومسلک اپنے آنسوؤں کے نذرانے پیش کیے۔

حضرت امام حسین ? کی شہادت کا مقصد اور اپنے فرائض سے آگاہی میں ہماری گنگا جمنی تہذیب کا بڑا ہاتھ ہے۔ لکھنو میں مسلمانوں کے علاوہ ہندو بھی ایاّم محرّم میں امام حسین ? کا غم مناتے تھے۔ نواب آصف الدولہ اور ان کے بعد کے حکمرانوں کے زمانے میں ہندوؤں کے امام باڑے کی مسجدیں اب تک موجود ہیں۔ ان میں راجہ جھاولال، راجہ ٹیکیت رائے، دل آرام اور راجہ میوارام وغیرہ کے امام باڑے اب تک موجود ہیں۔ لہٰذا ہندوستان میں مرثیے کی تہذیبی دنیا اسی تہذیبی سنگم سے کثیر رنگ ہوگئی ہے۔

مرثیے کا مجموعی مطالعہ کیجیے تو اس کی تہذیبی دنیا مزید کثیر جہت ہوجاتی ہے۔ اولاً عرب کی تاریخ اور تخیلی سماجیات و روایات، ایران کی تاریخ وتہذیب اور ہندوستان میں ہندو مسلم تہذیبی روایات۔ ان تمام تہذیبوں کے سنگم سے ہی مرثیے کی ایک الگ تہذیبی دنیا آباد ہوئی ہے۔

اردو ادب میں ایران کی سماجیاتی تاریخ اور خصوصاً عزاداری سے متعلق کتابیں دستیاب نہیں۔ البتہ کچھ ایسی کتابیں ضرور ملتی ہیں جن میں کچھ سماجیاتی و معاشرتی عکس دکھائی دیتے ہیں۔ سیّد مسعود حسن رضوی کی کتاب ''ایران میں مرثیہ نگاری: ایک تاریخی جائزہ'' اپنی نوعیت کی ایک منفرد کتاب ہے۔ ڈاکٹر ذبیح اللہ صفا کی کتاب ''تاریخ ادبیات فارسی در ایران'' اپنے موضوع پر غالبًا سب سے مفصّل کتاب ہے لیکن اس کتاب کی مشمولہ شعری اصناف میں بھی مرثیہ نگاری کو جداگانہ حیثیت نہیں دی گئی ہے، اسے مذہبی شاعری کے خانے میں رکھا ہے اور بہت مختصر سی گفتگو کی ہے۔ ڈاکٹر رضا زادہ شفق نے بھی ''تاریخ ادبیات ایران'' میں مرثیہ نگاری کے بارے میں محض چند سطریں سپردقلم کی ہیں۔

حال ہی میں پروفیسر شرف عالم کی ایک کتاب ''ایران: عہد قدیم کی سیاسی، ثقافتی ولسانی تاریخ''

منظر عام پر آئی ہے۔ اس کتاب میں موصوف نے ایران میں شیعی مسلک ماننے والوں کی فی صد 96 بتائی ہے لیکن مذہبی پہلو پر انھوں نے بھی بہت کم توجہ دی ہے۔ موصوف لکھتے ہیں:

''ان کی سوگواریوں میں شہادت حضرت امام حسین ؟ اور شہادت امیر کو بڑی اہمیت ہے۔ محرم اور چہلم وغیرہ کی سینہ کوبی، روضہ خوانی اور مجلس آرائی کے نمونے لکھنو اور پٹنہ میں دیکھنے کو ملتے ہیں۔ ہندوستانی و پاکستانی انداز میں وہاں بھی سینہ کوبی و زنجیر زنی کے کرتب دکھائے جاتے ہیں۔''
(2)

ایرانی تہذیب میں مرثیہ اور عزاداری کا یہ رنگ ایسا ہے جس کی عکاسی ہندوستان کے بیشتر مرثیہ نگاروں کے یہاں ملتی ہے۔ میر عشق سے مثال ملاحظہ کیجیے:

کی ہے خدا نے دولت و ثروت جنھیں عطا
کس دھوم سے وہ آج اٹھاتے ہیں تعزیہ
ہوتے ہیں آپ ساتھ کھلے سر برہنہ پا
ہمراہ سب رفیق و عزیز اور آشنا
نکلے جدھر سے تعزیے رستہ وہ بس گیا
سب تھم کے روئے موتیوں کا مینہہ برس گیا

(عشق)

اردو مرثیے میں ایرانی تہذیب اور ماحول کی کچھ ایسی عکاسی ملتی ہے جو نہ صرف مرثیے میں بلکہ اردو شاعری کی تمام اصناف میں اس کے مطالعے کیے جاسکتے ہیں۔ جیسے پھولوں میں لالہ، زمرد، موگرا، موتیا، نسترن اور لہلہاتے باغ و سبزہ زار۔ بلبلوں کا عشق گل میں مست و بیخود ہونا اور اس کے دل کے پارہ پارہ ہونے کا بیان۔ علاوہ ازیں کچھ تاریخی واقعات و کردار جنھیں ہم شعری اصطلاح میں ''تلمیحات'' کے نام سے جانتے ہیں۔ یہ موسم ماحول اور واقعات اردو مرثیے میں

کچھ اس طرح بیان کیے گئے ہیں جن کا تصوّر ہم ہندوستان کی سرزمین پر کرتے تو ہیں لیکن یہ سب فارسی ادب و تہذیب سے مستعار ہیں۔ لہٰذا ہمارے ادب کی جو تاریخیں لکھی گئی ہیں، ان کے سماجی مطالعے اور واقعات و استعارات میں ایرانی تہذیب کا مطالعہ بھرپور پیش کیا گیا ہے۔ بعید نہیں کہ ہمارے مرثیہ نگار شعرا نے اپنے انھی مطالعات سے استفادہ کر کے اردو مرثیے کی دنیا میں ایرانی تہذیب اور ماحول کی بزم سجائی ہو۔ اس پس منظر میں نیّر مسعود کی تحریروں کا بھی مطالعہ کیا جاسکتا ہے لیکن ایک اقتباس پروفیسر سید عقیل رضوی سے ملاحظہ کیجیے:

''اگر مرثیہ ادب ہے — اور کوئی وجہ نہیں کہ اسے ادب کے علاوہ کچھ اور سمجھا جائے — تو زندگی کے نئے احساسات کی دھڑکن اس میں ضرور ہوگی۔ یہ نہیں بلکہ ہر دور اور ہر سماج کی تصویر اس میں موجود ہوگی۔ ہندوستان کی ایک ملی جلی اور گنگا جمنی تہذیب کی تجسیم، جس طرح مرثیے میں ہوئی شاید ہی اردو کی کسی دوسری صنف سخن میں اتنے رخ سے ایسے رنگ بدل کر آئی ہو۔'' (3)

اردو مرثیے کا سب سے پہلا شاعر اشرف بیابانی کو تسلیم کیا گیا ہے جنھوں نے اردو کا پہلا مرثیہ 1482 سے قبل لکھا۔ مرثیے میں ہندوستان کی تہذیبی و ثقافتی آمیزش کا اشارہ یہیں سے ملنے لگتا ہے۔ ''نوسرہار'' کا اولین تعارف ڈاکٹر محی الدین قادری زور نے کرایا تھا۔ گرچہ متن اب تک غیر مطبوعہ ہے، لیکن اس کے بیشتر حصے رسائل و جرائد یا حوالے کی کتابوں میں ہمیں پڑھنے کو مل جاتے ہیں۔ ''نوسرہار'' کے ایک حصے میں اشرف بیابانی نے حضرت زینب کا سراپا اس طرح بیان کیا ہے:

زینب اہے اس کا نام
نین سلونے جیوں بادام
ماتھا جانوں سورج باٹ
یا کے جانوں چاند للاٹ

ان اشعار کے پس منظر میں کسی ہندوستانی حسینہ کا تصور کرنا محال نہیں۔ ایک محاکات نگاری کا بیان

شہادت امام حسین کے حوالے سے ملاحظہ کیجیے:

لے کے لے لیا گگن پر
گگن سارا لوہو بھر
دو کنہ لنکا پکڑی آگ
جل جل کوئلہ ہوئی ہلاک

اس میں مقامی اثرات صاف طور پر جھلکتے ہیں۔ شاعر نے فضا کی المنا کی بیان کرنے میں لنکا کا جل کر کوئلہ ہونا لکھا ہے اور لنکا کے جلنے کی تاریخ کا ہندوستان کی تہذیب وروایت سے بڑا گہرا رشتہ ہے۔

شمالی ہند میں مرثیہ نگاری وعزاداری کے واضح نقوش عہد اورنگ زیب (1858-1707) سے ملتے ہیں۔ دور مغلیہ کے گول کنڈہ اور بیجاپور کے علاقے میں ہاشم علی برہان پوری کا نام اردو مرثیے کے باب میں بہت اہم ہے۔ ڈاکٹر مسیح الزماں نے اپنی کتاب ''اردو مرثیے کا ارتقا'' میں اس کا تفصیلی ذکر مختلف حوالوں سے کیا ہے۔ ان کا دور ولی اور حاتم سے بہت پہلے کا ہے اور 1621 تک وہ اردو مرثیہ نگاروں میں بہت مشہور ہو چکے تھے۔ جناب قاسم اور حضرت علی اصغر کی شادی اور شہادتوں کا موضوع ہاشم علی کا خاص موضوع تھا۔ ان کے مرثیے سے حضرت قاسم کی شادی اور شہادت کے موقع پر کہے گئے چند اشعار ملاحظہ کیجیے:

افسوس ہے ہزار کہ نوشہ گزر گیا
روتی دولھن کو چھوڑ گھونگھٹ میں کدھر گیا
قاسم کہے دکھاؤ شتابی لگن مرا
مجھ ہاتھ میں لے آؤ بندھاؤ کنگن مرا
اے نجومی شاہ زادے کا دکھاتے ہیں لگن
کھول پترا تو شتابی سوں بتا ہم کو شگن

ہاشم کے اردو مرثیے کے مندرجہ بالا اشعار میں دولھن کا گھونگھٹ کاڑھ کر بیٹھنا، شادی بیاہ سے قبل کسی نجومی یا پنڈت کو بلا کر پترا دیکھنے کی تاکید کرنا اور شگن بھرے دن نکالنا، ان علامات میں ہندوستانی تہذیب و معاشرے کے نقوش دیکھے جاسکتے ہیں۔

''کربل کتھا'' حالانکہ فضلی کی نثری کتاب ہے لیکن اس میں فضلی نے اپنے کئی مرثیے بھی شامل کیے ہیں۔ فضلی کے اس کارنامے کا تذکرہ تہذیبی تناظر میں خاصا اہم ہے۔

فضلی نے اپنے مراثی میں ہندوستانی ممتا کی دلکش تصویر کھینچی ہے اور شہر بانو کے جذبات کا بیان ہندوستان کے تہذیبی تناظر میں کیا ہے۔ یہاں جذبات نگاری میں ایک تازگی ہے۔ کسی خوش خبری کے بعد مخبر کا شیرینی سے منھ میٹھا کرانا ہندوستانی تہذیب کی ایک انوکھی شان ہے۔ صندل کے چھاپے بھی ہندی تہذیب کو اجاگر کرتے ہیں۔ یہی خوشی عرب میں انعام و اکرام کی کسی اور صورت میں ظاہر ہوسکتی ہے لیکن ہمارے تصورات نے اس میں اپنا تہذیبی رنگ بھر دیا ہے۔

سودا کا دور مرثیے کے تجرباتی دور سے گزر رہا تھا۔ سودا نے بھی ہیئت اور مواد میں تجربے کیے۔ سماج کے تانے بانے میں اس کی جڑیں تلاش کیں۔ موضوعات کے اعتبار سے حضرت قاسم کی شادی ان کے مراثی میں بھی توجہ کا مرکز بنی ہے۔ یہ شعر دیکھیے:

صندل کی جا سمدھن نے منھ اپنے ملی ہے دھول
ہاروں کے بدلے ہر اک زنجیر پہن کر آئی ہے

میر تقی میر کے مرثیوں میں بھی ہندوستانی رسوم و روایات کے عناصر دیکھے جاسکتے ہیں جن سے ان کے زمانے کی عزاداری سے متعلق بہت سی ایسی باتیں معلوم ہوتی ہیں جواب غالباً متروک ہوگئی ہیں۔ حضرت قاسم کی شادی اردو مرثیہ گویوں کا خاص موضوع رہی ہے۔

مرثیے کا اصل ماخذ سرزمین عرب اور واقعہ کربلا ہے۔ ہمارے مرثیہ نگار شعرا نے، عرب کی تہذیب اور واقعہ کربلا کے بیان میں گرچہ ہندوستانی تہذیب کی جزئیات سے استفادہ کیا ہے لیکن انھیں ہم کلی ہندوستانی تہذیب سے عبارت نہیں کرسکتے ان میں تاریخی حوالوں سے عرب کی

بعض تہذیب وروایات کی بھی تصدیق ہوتی ہے اور جہاں کلی روایت ہندوستانی ہے وہاں شعرا نے اپنے قاری کے مذاق کا خیال رکھتے ہوئے ماحول ومناظر کی عکاسی کی ہے۔

مرثیے کو تہذیبی تناظر میں دیکھنے کے بعد یہ واضح ہوتا ہے کہ ہندوستان کی تہذیبی و تاریخی صورت حال میں وقتاً فوقتاً جو تبدیلیاں رونما ہوتی رہی ہیں ان کا اثر کسی نہ کسی حوالے سے مرثیے پر بھی پڑا ہے۔یہی سبب ہے کہ ہر اہم تاریخی موڑ پر مرثیے میں داخلی اور خارجی دونوں سطحوں پر بدلتی تہذیبوں کا احساس ہوتا ہے۔یہ تبدیلیاں اس بات کی غمازی کرتی ہیں کہ مرثیے میں تہذیبی و عصری میلان کو اپنے اندر سمونے اور پیش کرنے کی گنجائش ہر دور میں رہی ہے اور یہی تہذیبی میلان اس فن کی وسعت اور مقبولیت کا جواز فراہم کرتی ہے۔

محمد عبدالبصیر (جونیر لیکچرار اردو۔اے پی آر جے سی۔نظام آباد)